W0387457

Sabine Bohlmann

FEIEREIEN

So machen Kinderfeste Spaß

Planen,
organisieren,
veranstalten

vgs EGMONT

Die Tipps und Informationen in diesem Buch sind von Autorin und Verlag nach bestem Wissen und Gewissen sorgfältig erwogen und geprüft. Autorin und Verlag übernehmen jedoch keine Haftung für etwaige Schäden, die sich aus Gebrauch oder Missbrauch der in diesem Buch aufgeführten Informationen ergeben.

Bibliografische Information der Deutschen Nationalbibliothek
Die Deutsche Nationalibibliothek verzeichnet diese Publikation in der Deutschen Nationalbibliografie; detaillierte bibliografische Daten sind im Internet über http://dnb.d-nb.de abrufbar.

1. Auflage
Redaktion: Alexandra Panz
Lektorat: Lucia Rojas, derschönstesatz, Köln
Produktion: Susanne Beeh
Umschlaggestaltung und Satz: Metzgerei Strzelecki, Köln
Titelfoto und alle Bilder: Andreas Rümmelein und Sabine Bohlmann
Druck & Verarbeitung: Westermann Druck, Zwickau
ISBN 978-3-8025-3614-4

www.vgs.de

Schenkt den Kindern eure Zeit,
das ist das beste Geschenk, was
ihr ihnen machen könnt. Und sie
haben es wirklich verdient!

Inhalt

Vorvorwort

Wollt ihr wissen, wie man an den magischen Kristall kommt, der euch die Kraft verleiht, wirkliche Hexen zu werden? Wollt ihr die Urlaubsvertreter unserer Gartenzwerge sein? Wollt ihr schon mit fünf Jahren einen Führerschein machen? Wollt ihr Schauspieler werden und einen echten Film drehen? Wollt ihr euch in den Wald wagen und die Elfen und Zwölfen besuchen? Wollt ihr bei Kerzenschein ein Drei-Gänge-Menü genießen? Wollt ihr in die Zeit der Ritter und Burgfräulein reisen? Wollt ihr dem berühmt-berüchtigten Käpt'n Hookcook gegenüberstehen und ihn zum Duell herausfordern? Wollt ihr erleben, wie es auf einer richtigen Pyjamaparty zugeht? Wollt ihr unter eurem Bett nach Monstrosia reisen und der neue Würgermeister werden? Oder wie wäre es mit einem Besuch auf dem Jahrmarkt anno 1900? Wollt ihr? Wollt ihr wirklich?
Dann müsst ihr mit mir Feste feiern!!! Kleine Feste, große Feste, lustige Feste, spannende Feste, gruselige Feste, vornehme Feste, Quatschfeste, alte Feste, neue Feste, Feste, Feste und noch mal Feste.

Vorwort

»Oh Gott, am Wochenende muss ich Kindergeburtstag feiern!« Wie oft höre ich diesen Satz von ›Mütterkolleginnen‹. Nein, nicht »Oh Gott …«, sondern: »Juhu, es ist wieder so weit, ich darf Kindergeburtstag feiern!« Denn das darf man gar nicht so oft.
Wir machen mal eine kleine Textaufgabe (ich weiß, jetzt heißen sie ›Sachaufgaben‹, aber das Ergebnis bleibt doch dasselbe): Sie haben also ein Kind. Es ist elf Jahre alt. Den ersten richtigen Kindergeburtstag haben Sie gefeiert, als Ihr Kind vier Jahre alt war. Mit elf sagt es Ihnen: »Mami, stell die Chips ins Zimmer und dann verdrück dich unauffällig!« Wie viele Kindergeburtstage dürfen (müssen) Sie also feiern im Leben Ihres Kindes??? Na, haben Sie es raus? Genau: sieben Stück! Das ist doch wirklich nicht zu viel verlangt. Sieben Geburtstage auf sieben Jahre verteilt. Gut, haben Sie zwei Kinder, verdoppelt sich die Anzahl. Haben Sie drei, wird die Zahl verdreifacht und so weiter. Aber sehen Sie es doch mal so: Je mehr Kinder Sie haben, desto mehr (fast) freiwillige Helfer haben Sie bei den Vorbereitungen. Ich fand das fast immer genauso toll wie selbst Geburtstag haben. Der eine hatte Geburtstag, der andere durfte Teig schlecken vom heimlich gebackenen Kuchen. (Natürlich wusste das Geburtstagskind immer, wenn es die Rührmaschine hörte, was da einen Tag vor seinem Geburtstag gebacken wurde – aber man ließ sich ja nichts anmerken.) Und was die Arbeitsteilung angeht: Man kann ein und dasselbe Motto auch mehrmals feiern. Also, ran an die Arbeit! Und genießen!

Feiern macht lustig

Drei Dinge braucht man, damit ein Fest gelingt: doppelseitiges Klebeband, einen Mann wie meinen und viele gute Ideen.
Falls Ihnen eines der drei Dinge fehlt, nicht verzagen. Es geht trotzdem. Ersteres gibt es im Baumarkt, zweites lässt sich auch durch ein gut funktionierendes Team ersetzen (Omas, Tanten, Nachbarn, Freunde) und bei letzterem kann ich ein wenig helfen.
Feiern sind die Gelegenheit, aus normalen Tagen besondere Tage zu machen. Feiertage sind die Meilensteine des Jahres. Man hangelt sich von einem zum anderen. Jeder teilt sein Jahr anders ein: der eine von Schulaufgabe zu Schulaufgabe, der andere von Dienstreise zu Dienstreise, viele von Wochenende zu Wochenende und Kinder meistens von Ferien zu Ferien – oder von Fest zu Fest.
Und nicht nur der Tag der Feier macht Spaß, sondern – ob man es glaubt oder nicht – auch die Vorbereitungen. Es ist wie mit dem Bergsteigen. Würde man den Anstieg einfach weglassen und stünde direkt auf dem Gipfel, wäre alles nur halb so schön. Die Vorbereitung ist der Weg, die Feier der Gipfel und gleichzeitig die Belohnung. Denn glauben Sie mir, je besser ein Fest vorbereitet ist, umso größer der Erfolg.
Doch Achtung! Ich bin manchmal wirklich verrückt in der Vorbereiterei – und ein totaler Perfektionist. Ich entschuldige mich hier offiziell dafür, denn ich weiß, dass Perfektionismus ab einem bestimmten Grad oft abschreckend wirkt. Ich bin jedoch eher ein Perfektionist in meinen Ideen als in deren Ausführungen. Deshalb hoffe ich, dass alles auszuhalten ist. Dies ist kein Backbuch und auch kein Bastelbuch. Bestimmt fehlen bei einigen Ideen die exakten Beschreibungen – dafür entschuldige ich mich auch! –, aber es geht hier in allererster Linie um die Ideen.

Die Mottokiste

Schenken Sie Ihrem Kind doch das Fest zum Geburtstag. Man könnte ein Ritual daraus machen – ich liebe Rituale! Jedes Jahr befindet sich auf dem Gabentisch ein Päckchen, in dem verbirgt sich eine Kinderparty. Man schenkt sozusagen das Motto. Ist das Kind gerade ein Piratenfan, liegen in der Partykiste eine Augenklappe, ein Fernrohr und einige Muscheln. Hat man eine kleine Geburtstagsprinzessin, finden sich im Karton eine kleine Krone, eine Perlenkette und ein Stofffrosch.

Themengeburtstage

Meistens feiere ich auf eine ganz bestimmte Art und Weise: mit Mottos (dieses Wort hat mir schon in meinem ersten Buch Schwierigkeiten bereitet – heißt die Mehrzahl jetzt Mottos oder Motti oder Motten? Letzteres würde mir ja sehr gefallen! Klar könnte ich jetzt einfach im Duden nachschlagen – aber es macht doch viel mehr Spaß, sich über ein Wort auszulassen und sich anzuhören, wie das klingen könnte. Außerdem, wer sagt mir, dass der Duden von dieser Woche noch aktuell ist? Langsam wissen doch nicht mal mehr die Lehrer, wie man was schreibt und warum!). Ich erzähle Geschichten. Das Motto und die Geschichte entführen die Kinder (und mich) einen ganzen Nachmittag in eine andere Welt, in eine andere Zeit.

Die Spiele werden zu Aufgaben, die meistens alle gemeinsam bestehen müssen. Ich halte nicht viel von Wettkämpfen, denn viele Kinder kommen mit dem Verlieren nicht klar. Und es gibt immer die, die jedes Spiel gewinnen, und die, die jedes Spiel verlieren. Auch wenn Sie jetzt vielleicht der Meinung sind, das mache die Verlierer stark. Ein Geburtstag soll lieber durch Spaß stärken als durch Schmerzen im Herzen – und ich spreche aus Erfahrung, denn ich gehörte bei der ›Reise nach Jerusalem‹ und Geschwindigkeitswettkämpfen immer zu den Losern.

Oft sind die Kinder mit ihrer Fantasie (und die Kinder haben davon immer noch reichlich) so bei der Sache, dass sie noch lange weiterspielen, auch wenn das Fest schon vorbei ist.

Also, steigen Sie mit mir ein in das Reich der Feste und Feiern! Und vor allem in das Reich der Fantasie!!!

Wie bereite ich ein Mottofest vor?

Wenn man das System mit dem Themengeburtstag erst mal raushat, gelingt einem jedes Motto. Großzügig können Sie sich vor Ihr Kind stellen und sagen: »Hey, Kleines, sag mir ein Motto und ich mach dir einen Geburtstag, den du so schnell nicht mehr vergisst, selbst wenn das Motto Fliegenpilz heißt!« (Da hab ich jetzt ein bisschen übertrieben. Aber alles läuft nach demselben Prinzip.)

1. **Das Brainstorming:** (Nein, hier lasse ich mich auf keine Diskussion ein. Brainstorming ist ein deutsches Wort, es steht sogar im Duden und bedeutet dort: »Verfahren, durch Sammeln spontaner Einfälle die (beste) Lösung für ein Problem zu finden«. Oder wäre es Ihnen lieber, ich würde diesen Abschnitt ›Gehirnstürme‹ nennen oder ›Reger Gedankenaustausch‹?) Auf alle Fälle dürfen alle mitmachen. Sie legen ein weißes Blatt Papier vor sich auf den Tisch. Oben schreiben Sie das Wort hin, um das sich alles drehen soll. Nehmen wir mal an, es heißt Gartenzwerge. Schreiben Sie einfach alles (ALLES!!!) auf, was Ihnen – nein, was allen – zum Thema Gartenzwerge einfällt: Mütze, Schubkarre, Laterne, klein, Gießkanne, Blumen, Biene, Schmetterling, Riese, Schnecken, Würmer, Erde … Jetzt sehen Sie sich die Worte an. Und? Kommt schon was? Daraus lassen sich doch wundervolle Spiele machen, z. B. ein Schubkarrenhindernislauf, oder einer muss Wasser von seiner Gießkanne in die nächste geben und so weiter, bis am Ende der Schlange ein kleiner Behälter zu füllen ist …
2. **Die Liste(n):** Jetzt kommen meine Listen! Ich bin ein absoluter Listenmensch. Ich schreibe Listen für alles, ich habe ein eigenes Buch, nur für Listen. Manche finden das schrecklich, ich finde es ungemein beruhigend, einfach alles schwarz auf weiß niedergeschrieben zu haben. Raus aus meinem Kopf, rauf aufs Papier! Ich unterscheide zwischen mehreren Arten von Listen. Ich nenne sie TUDU-Listen. Ich bin sonst nicht für Anglizismen, aber ›to do‹ klingt doch wirklich

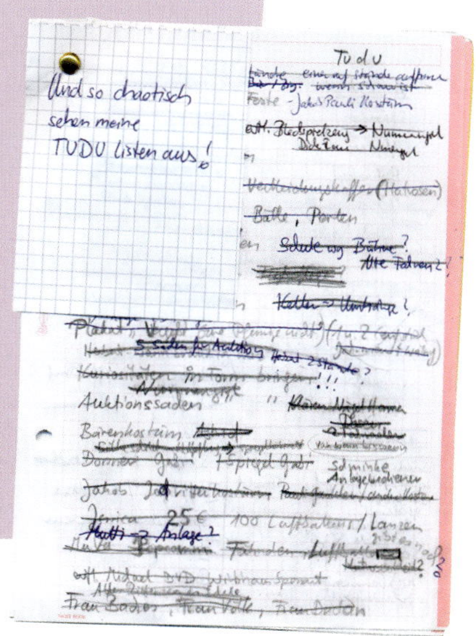

hübscher als Zu-tun- oder Zu-machen-Liste. Und ich deutsche es ja auch ein wenig durch die Schreibeweise ein. (Wenn ich näher darüber nachdenke, könnte sie jedoch auch Schaffensliste heißen – ach, nennen Sie sie doch, wie Sie wollen!) Dann gibt es die TU-BASTEL-Liste und eine TUSHOP-Liste und manchmal noch die TUKLÄR-Liste.

3. **Das Team:** Haben Sie sich schon ein Team zusammengestellt? Sehen Sie sich die Liste durch. Gibt es Näharbeiten, haben Sie jemanden in der Familie – oder eine nette Nachbarin –, der gut nähen kann? Scheuen Sie sich nicht zu fragen. Viele Menschen machen so etwas gerne. Welche Bastelarbeiten kann man mit den Kindern machen? Es sind schöne Beschäftigungen für einen verregneten Nachmittag und die Kinder lieben es, für ihren Geburtstag bei den Vorbereitungen zu helfen. Bei großen Festen planen wir immer einen ganzen Samstag oder Sonntag ein, wir suchen uns einen Platz – bei gutem Wetter in einem Garten – und werkeln mit mehreren Familien. Jeder packt mit an und man belohnt sich mit einem Kuchen oder gemeinsamem Grillen. Glauben Sie mir, so eine Aktion mit vereinten Kräften macht richtig Spaß.
4. **Die Vorbereitungen:** Fangen Sie rechtzeitig mit der Planung an. Je mehr Zeit man hat, desto bessere Ideen kommen einem noch. Denn nicht alle Ideen fliegen einem an einem Nachmittag am Tisch zu. Für manche Themen lohnt es sich, ins Internet zu gehen oder ein Buch in der Bibliothek auszuleihen.

Ist das viel Arbeit?

Ach, wissen Sie, darauf kann ich nur sagen: JA! Abnehmen kann ich Ihnen die Arbeit nicht und ich kann auch nicht mit gutem Gewissen sagen, das geht alles ganz schnell, in ein paar Minuten ist so ein Geburtstag vorbereitet. Ich weiß, das würden Sie jetzt gern hören. Aber es wäre, als ob ein Arzt mit einer drei Meter langen Spritze auf Sie zukäme und meinte: »Das ist nur ein klitzekleiner Piks.«
»Für so was habe ich keine Zeit«, könnten Sie jetzt auch sagen. Dann sag ich Ihnen mal was: Zeit – hat heutzutage niemand mehr! (So schade es ist, wo wir doch umgeben sind von Maschinen, die uns so viel Arbeit abnehmen wie noch

nie, und trotzdem haben wir so wenig Zeit wie noch nie!) Ich habe die Zeit für so etwas auch nicht, aber ich nehme sie mir. Wenn man etwas schaffen will, dann schafft man das auch. Jeder schafft irgendetwas, für das der andere ›keine Zeit hat‹ – wozu sich der andere die Zeit nicht nimmt. Setzen Sie sich die Dinge, die Sie schaffen wollen, ganz oben auf die Prioritätenliste und lassen Sie andere Dinge (wie vielleicht Bügeln oder Putzen) auch mal links liegen.

Tipps und Ideen

Die Gebrauchsanweisungen für die Feste sind kein Maßstab. Es sind nur Vorschläge. Ich wünsche mir einfach, dass Sie Lust bekommen, ein Fest auf die Beine zu stellen. Es handelt sich um Anregungen. Machen Sie nur so viel, wie Sie können und wollen. Es geht hier nicht darum, sich gegenseitig mit immer noch besseren Festen zu übertrumpfen. Es geht einzig und allein um den Spaß, den Sie mit den Kindern bei Vorbereitungen und Festen haben. Aber vielleicht kommen Sie durch dieses Buch noch auf ganz andere Ideen, erfinden ganz neue Mottos (Motten, hihi!).

Erzwingen Sie nichts an den Geburtstagen! Es ist gut, viele Spiele vorzubereiten. Wenn Sie jedoch nach der Hälfte der Spiele das Gefühl haben, es genügt den Kindern, sie hätten vielleicht lieber noch ein wenig Freispielzeit (wie es immer so schön im Kindergarten heißt), verzichten Sie spontan auf einige Spiele. Und lassen Sie die Kinder das Fest übernehmen.

Oft wird es nach dem ›geführten‹ Teil des Festes wild. Das gehört irgendwie dazu. Die Kinder waren zwei, drei Stunden lang so aufmerksam, dass sie sich zum Schluss noch mal richtig austoben müssen. Rechnen Sie damit, dann hält man es besser aus!

Bitte anfeuern!

Jedes Mal fällt mir auf, dass die Kinder zwar noch aufmerksam sind, wenn sie selbst bei einem Spiel an der Reihe sind, jedoch oft nicht mehr bereit, bei den anderen Kindern Anteil zu nehmen. Fordern Sie alle Kinder dazu auf, die Akteure mit Beifall oder Anfeuerungsrufen zu unterstützen. Das macht ALLEN gleich viel mehr Spaß. Anteilnahme kann man auch lernen: »Ohhh! Ahhhh! Huiii! Schaaaaadeeee! Hurraa! Bravo! Du schaffst das! Ja, fast!!!«

Die Feiereien-Grundausstattung

Wenn die Kinder noch klein sind, lohnt es sich wirklich, einen Partyfundus anzulegen. Auf dem Speicher, im Keller oder in einer Kiste irgendwo oben im Schrank. Bei mir hat sich da in den letzten Jahren schon ziemlich viel angesammelt. Da reicht eine Kiste nicht mehr aus. Aber wenn ich zum Beispiel einen ertrinkenden Kopf für mein Piratenfest brauche, gehe ich einfach in meinen kleinen Fundus und suche mir einen Pappmachékopf aus. (Welches Köpfchen hätten's denn gern?) Ich verlange jetzt gar nicht von Ihnen, dass Sie sich mehrere Köpfe zulegen. Aber wenn Sie schon mal dabei sind, z. B. Pappmaché-Laternen zu basteln – so einen Kopf kann man immer gebrauchen!

Oder mein Pferd Rosinante: Eines Tages, es war St. Martin, zwei Stunden vor dem Umzug in unserer Wohngegend, klingelte das Telefon:

»Sabine, hast du zufällig ein Pferd? Echt oder unecht?«

»Nicht direkt.«

»Unser echtes St.-Martins-Pferd hat gerade abgesagt und jetzt stehen wir da, mit St. Martin und ohne Gaul!«

»Okay, wo soll ich hinliefern?«, höre ich mich sagen, lege auf und renne zum Lebensmittelgeschäft. Ich hole mir eine Kiste, verkleide diese mit unserer braunen sehr langen Tischdecke, nähe Ohren dran, eine Wollmähne und klebe Filzaugen darauf – fertig. Ich renne mit dem Pferdekopf in der Hand (schweißgebadet) zum Kindergarten. Mitleidig sieht mich die Kindergärtnerin an: »Ach, ist der süß! Aber gerade hat die Dame aus dem Reitstall angerufen, sie bringt jetzt statt des großen Pferdes zwei Zwergponys mit.«

Fähnchen-Girlande

Ein wichtiger Begleiter bei sämtlichen Familienfesten ist eine Girlande aus verschiedenfarbigen dreieckigen Stoffresten. (Wir besitzen schon mehrere dieser Art.) Ursprünglich hatte meine Mutter für ein großes Sommerfest Papierdreiecke an Schnüre getackert – was schneller geht, aber nicht lange hält. Denn nach dem Fest (das zwar ein Sommerfest war, aber nichts davon wusste, jedenfalls merkte man es vor lauter Regen nicht) hingen die Fähnchen traurig und total aufgeweicht herunter und schließlich landete alles im Müll. Im nächsten Jahr machten sich einige Helfer die Mühe und nähten die Fähnchen aus Stoffresten. Seitdem ist die Girlande ein fester Bestandteil meiner Feiereien und gehört für mich in jeden Feierfundus! Sie ist auch ein schönes Geschenk. Wenn Sie selbst nicht gut nähen können, lassen Sie sich doch eine Fähnchen-Girlande schenken.

Trotzdem hat sich ›Rosinante‹ so was von gelohnt: Sie war seitdem schon dreimal das Ritterturnierpferd (s. S. 97) und dieses Jahr bei St. Martin hatte sie zwei Engagements bei Umzügen. Man sollte also immer ein Pferd im Haus haben!

Und jetzt das, was man wirklich im **Fundus** haben sollte:

- ★ einen Cutter
- ★ Stoffe, Stoffe und noch mal Stoffe (Auf Flohmärkten oder sonstwo unbedingt die Angebote ausnutzen. Auch Leinentücher sind immer gut. Fragen Sie mal im Bekanntenkreis herum, ob jemand welche loswerden will.)
- ★ doppelseitiges Klebeband
- ★ Pappe (schöne Pappe immer aufheben)
- ★ und meine geliebten Wäscheklammern, mit denen man Stoffe von A nach B und bis nach Z spannen kann

Geschenke

Schenken Sie Ihren Kindern doch mal Zeit! Einen Gutschein: ›Einen ganzen Tag mit mir‹ und lassen Sie das Kind dann bestimmen, was man mit diesem Tag anfängt. Oder schenken Sie ein ›Happening‹ (einen Überraschungsausflug, eine besondere Unternehmung). Das ist auch eine tolle Sache für Patenkinder und deren Tanten und Onkel (Önkel? Onkels?). Besser als nur einmal im Jahr ein Päckchen zu schicken und auch das noch jedes zweite Mal zu vergessen. (Ich fasse mich an die eigene Nase und entschuldige mich hier bei all meinen Patenkindern! Ich arbeite daran!!)

Rituale

Das Geburtstagsgefühl

»In genau 38 Tagen, von heute ab, habe ich Geburtstag.« Mein Sohn ist besonders gut im Rechnen, wenn es um die Zeit bis zu seinem Geburtstag geht. Geburtstag ist für Kinder einer der wichtigsten Tage im Jahr. Und bei uns ein Ritual von vorne bis hinten. (Habe ich schon erwähnt, dass ich Rituale liebe?)

Zuerst wacht man sehr früh auf, denn man ist schon so aufgeregt.

Leider schlafen alle anderen noch, denn die sind nicht ganz so aufgeregt. Mit Husten und Räuspern versucht man, die anderen zu wecken, tut aber dann wieder so, als wäre man noch ganz verschlafen, wenn man es endlich geheimnisvoll flüstern hört. Schließlich geht die Tür leise auf und Papa, Mama und Geschwisterkind schleichen herein und singen (endlich) ›Happy Birthday to you‹. Man räkelt sich und gähnt, reibt sich die Augen und sieht ein kleines Geschenk, das man schon im Bett aufmachen darf. Und dann spürt man es ganz kräftig: das Geburtstagsgefühl! Von 365 Tagen im Jahr spürt man es nur einmal. Heute! Dafür aber den ganzen Tag. Es ist so stark, dass man erwartet, alle müssten einem ansehen, dass man heute Geburtstag hat.
Dann wird man ins Wohnzimmer geführt, der Tisch ist mit Kerzen erleuchtet und auf einem kleinen Tischchen stehen die Geschenke. An der Wand hängt das Geburtstagsplakat. Und alles duftet herrlich.
Es duftet nach Geburtstag. Das ist bei uns eine Mischung aus Kerzen und Banane-Sahne-Kuchen (dieses Rezept ist eine Überlieferung meiner Oma, ein Biskuitkuchen mit Bananen-Sahne). Dann werden die Geschenke ausgepackt, die Kerzen ausgepustet und der Kuchen schon zum Frühstück verzehrt. Dieser Tag gehört mir ganz allein!!!
Doch je älter ich werde, desto mehr vermisse ich dieses Geburtstagsgefühl bei mir. An meinem Geburtstag vergesse ich sogar oft, dass ich Geburtstag habe. Fühlt sich so vielleicht Erwachsenwerden an? Dass einem dieses wahnsinnige Geburtstagsgefühl abhanden kommt, ob man will oder nicht?!

Das Geburtstagsplakat

Dies ist ein großes Bild, das (möglichst) von der restlichen Familie (also von allen, die nicht Geburtstag haben) gestaltet wird. Darauf könnten in großen, aus buntem Papier ausgeschnittenen Buchstaben das Alter und der Name des Geburtstagskindes stehen. Drumherum kleben Sie Fotos oder Bilder aus Zeitschriften, von allem, was das Geburtstagskind gerade gern mag. So entsteht jedes Jahr eine schöne Collage und vielleicht basteln die Kinder auch mal so ein Plakat für Mama oder Papa zum Geburtstag.

Partygarderobe

Wenn die Kinder noch ganz klein sind und zu einem Geburtstag eingeladen werden, ziehen wir ihnen meistens süße Kleidchen und schicke Hemden an. Wenn wir Großen irgendwo eingeladen sind, ziehen wir uns auch noch mal um und gehen nicht in der Kleidung, die wir schon den ganzen Tag anhaben.
Irgendwo dazwischen – wenn die Kinder etwas größer sind – verliert sich das und fast jeder kommt in seinem gewöhnlichen Straßenoutfit zur Geburtstagsparty. Ich finde das eigentlich schade. Es hat nichts damit zu tun, dass ich meine Kinder immer rausputzen will, aber für mich gehört es dazu, sich für den Gastgeber, das Geburtstagskind, ein bisschen feiner zu machen. Das hat mit dem Respekt vor der Feier, vor dem besonderen Tag zu tun. Ich möchte mein Kind nicht dazu zwingen, sich für eine Party schöner zu machen, aber ich versuche meine Kinder davon zu überzeugen, dass dies besondere Tage sind.

Gäste

Die Geburtstagsfeste unserer Kinder sind perfekte Momente, um deren Freunde näher kennenzulernen. Und es ist immer von jedem Typ Kind eines dabei: Da gibt es den Spaßvogel, der immer noch einen draufsetzt und die Spiele mit eigenen Gags ›bereichern‹ will. Da gibt es das ›Ich war noch nie dran, immer bin ich die Letzte‹-Kind. Dann gibt es das schüchterne Kind, das eigentlich nirgends mitspielen will. Und diese verschiedenen Kinder muss man jetzt alle innerhalb von einem Nachmittag unter einen Hut bringen.
Ich hatte mal bei einem Detektivgeburtstag (ich war Sherlock und die Kinder wurden von mir zu Detektiven ausgebildet – ich stand also an der Tafel und erklärte verschiedene Dinge) ein Kind, das mit verschränkten Armen und griesgrämigem Gesicht dabeisaß und irgendwann nur mürrisch meinte: »Ich lern schon die ganze Woche über in der Schule, da brauch ich das jetzt hier nicht auch noch.«

Und ein Mädchen kam mitten im schönsten Theatergeburtstag und fragte: »Wann machen wir denn die Schatzsuche?« Ich: »Wir machen keine Schatzsuche.« Ihre Mundwinkel wanderten nach unten: »Aber das ist doch ein Geburtstag?« Kurz überlegte ich, wie ich einigermaßen logisch in einen Theatergeburtstag noch eine Schatzsuche einbauen könnte, ließ es dann aber bleiben. Schließlich fand sie es auch so ganz okay. Denn früher oder später kriegen wir sie alle und ziehen sie mit hinein ins Abenteuer.

Preise

Ich bin dazu übergegangen, den Kindern als Preise nur Dinge mitzugeben, die zum Motto passen und die dadurch an Bedeutung gewinnen, weil man sich damit einen ganzen Nachmittag beschäftigt hat. Man nimmt sozusagen ein Stück der Mottogeschichte mit nach Hause. Die Preise beim Gartenzwergfest waren die Töpfe, in die die Kinder ihre Samen – die sie sich für die Spiele verdient hatten – gepflanzt haben. (»Den Topf darf ich wirklich mitnehmen?«)
Beim Hexenfest war es der magische (Plastik-)Kristall, den jedes Hexchen um den Hals trug, und beim Tiergeburtstag eine kleine selbst genähte Stoffmaus. Mit der hatte es allerdings eine ganz besondere Bewandtnis. Denn sie war zuerst unsichtbar. Es handelte sich nämlich um eine seltene Rasse von unsichtbaren Zwergspitzmäusen, die erst dann sichtbar werden, wenn man sich sehr gut um sie gekümmert hat. Zuerst gab es für jedes Kind nur einen leeren Schuhkarton. Im Laufe des Festes bekam jeder Schuhkarton Löcher (für die Luft), Stroh (für die Gemütlichkeit) und jede Maus viel Streicheleinheiten (für die Liebe). Erst am Ende des Geburtstags setzten wir (heimlich) die Plüschmäuse in die Kartons. Die Kinder trugen sie vorsichtig nach Hause und erzählen mir auch jetzt noch, wie es ihrer Maus geht.
Es gibt immer einige kleine Gäste, die die Tischkärtchen mit nach Hause nehmen, auch wenn es sich ›nur‹ um gefaltete Schiffchen aus Zeitungspapier handelt, auf denen ihr Name steht. Mich verblüfft diese wahnsinnige Wertschätzung von Kleinigkeiten jedes Mal – etwas, das ich heute doch des Öfteren vermisse.

Und jetzt geht's los:

Gartenzwerge hören das Gras wachsen

»Kennt ihr eigentlich Gartenzwerge? Habt ihr schon mal einen gesehen? Was machen Gartenzwerge denn eigentlich? Gartenarbeit! Genau! Sie arbeiten und arbeiten, zupfen das Unkraut aus der Erde, ernten Obst und Gemüse und – was ganz wichtig ist – sie kümmern sich um die Tiere. Mögt ihr Tiere? Ja? Auch ganz kleine? Schmetterlinge? Raupen? Frösche? Bienen? Marienkäfer? Um diese Tiere kümmern sich normalerweise die Gartenzwerge.
Jetzt haben wir aber ein kleines Problem: Die Gartenzwerge in unserem Garten haben in letzter Zeit so viel gearbeitet, dass sie dringend mal Ruhe brauchten, und deshalb sind sie in Urlaub gefahren *(nach Wurzeling oder nach Rosenstock oder nach Grünland – falls jemand nachfragt, man muss für alles gewappnet sein).*
Jetzt haben wir hier in unserem Garten ein paar ganz kleine Tiere, um die sich niemand kümmert. Würdet ihr die Arbeit der Gartenzwerge heute mal übernehmen? Ich helfe euch natürlich dabei.
Es geht nämlich darum, für diese kleinen Tiere einen winzigen Garten anzulegen. Kommt mal mit!«

Wir gehen zu den Töpfen, über denen die Mützen der Zwerge liegen.

»Die Gartenzwerge haben sogar ihre Mützen hier gelassen. Wer möchte, kann eine aufsetzen. Hebt die Mützen mal vorsichtig hoch und schaut in die Töpfe.«

In den Töpfen warten geknetete Figuren (man kann auch kleine Gummitiere kaufen): der Frosch, das Bienchen, der Käfer, die Schnecke, der Schmetterling und die kleine Raupe. Jedes Kind sucht sich einen Topf aus und somit auch sein Tier, auf das es an diesem Tag aufpassen muss.

»Was brauchen wir als Erstes, wenn wir in unserem Topf einen Mini-Garten anlegen wollen? Erde!«

Schubkarren-Parcours

Das erste Kind zieht Gartenhandschuhe an, holt eine Schaufel und fährt mit einer kleinen Schubkarre im Slalom um die Blumen (aus Krepp oder Blumentöpfe mit echten Pflanzen) zum Erdeberg (oder Erdeeimer). Dort hilft vielleicht ein größerer ›Zwerg‹ beim Einladen der Erde mit der Schaufel. Und zurück geht es mit der Schubkarre voll Erde, um sie am Ziel ins eigene Töpfchen zu schaufeln. Nächstes Kind ist an der Reihe.

»Was braucht man noch für einen kleinen Garten? Samen! Wir machen jetzt richtige Gartenzwergearbeit und für jede erledigte Arbeit bekommt ihr zur Belohnung ein kleines Samenkorn. Die Samen sammelt ihr erst mal in eurer Schachtel oder euerm Tütchen und später könnt ihr sie in euren Minigarten säen. Später, wenn ihr nach Hause geht, dürft ihr den Topf mitnehmen und in ein paar Tagen, wenn ihr gut gegossen habt, wächst da auch etwas.«

Jedes Kind bekommt ein Tütchen oder eine Zündholzschachtel, evtl. mit den Tieren bemalt, die den Gartenzwergen zugeteilt sind. Ich habe Sonnenblumen- und Kressesamen ausgesucht, da sieht man schon schnell grüne Spitzen.

1. Arbeit: Die Sockenraupe füttern und verpuppen

»Was wird aus einer Raupe, wenn sie groß ist? *(Eine große Raupe? Nein!)* Sie baut sich ein Ding, das man Kokon nennt. Und bleibt darin viele Tage. Und eines Tages kommt sie raus und hat sich in einen wunderschönen Schmetterling verwandelt.«

SPIELE

Die Sockenraupe stellt sich schüchtern vor. Sie ist tatsächlich nur aus einem einfachen Socken gemacht, den man sich über die Hand stülpt. Die Kinder akzeptieren sie so schlicht, wie sie ist. Die Raupe ist hungrig. Deshalb darf jedes Kind der Raupe etwas zu fressen holen, z. B. Blätter oder Gras. Sie muss sich nämlich schön dick fressen, um den langen Schlaf im Kokon zu überstehen. Dann muss sie sich verpuppen, der Kokon könnte ein kleiner Beutel oder ein zweiter Socke sein. Schließlich hängen wir ihren Kokon in einen Baum und singen ihr ein Schlaflied, z. B. ›Schlaf, Raupe, schlaf‹.

2. Arbeit: Fliegen klatschen

»Krabbelt euch auch schon wieder eine Fliege auf der Nase herum? Jetzt reicht es aber mit der Fliegenplage hier. Wo sind die Fliegenklatschen?«

Die Fliegen sind schwarze Minibonbons an Schnüren. Sie werden über einen langen Tisch gezogen. Die Kinder versuchen mit Fliegenklatschen die Bonbons zu erwischen.

3. Arbeit: Eine Vogelscheuche basteln

»Diese unverschämten Raben haben schon wieder alle Kirschen gemopst. Dagegen müssen wir etwas tun!«

Wir stellen eine Vogelscheuche auf. Damit die frechen Vögel nicht das ganze Obst und Gemüse auffressen. Alles, was wir für die Vogelscheuche brauchen, ist im Garten verteilt. Evtl. hat ein Vater ein gutes Hemd an, das man gebrauchen könnte. Irgendwo liegt ein Hut herum. Für den Kopf füllen wir Stroh in Hasendraht. Die Eltern dürfen helfen. Das Holzkreuz ist bereits vorbereitet.

4. Arbeit: Die Bienchen in den Bienenstock bringen

»Oje, die Bienchen finden den Weg nach Hause nicht mehr! Könnt ihr ihnen helfen?«

Die Bienen – gelbe Bonbons mit aufgemalten schwarzen Strichen – müssen zurück in ihren Bienenstock. Den kann man aus Pappe basteln oder man nimmt einfach einen Korb. Da müssen die Kinder die Bonbon-Bienen nun aus einer gewissen Entfernung hineinwerfen.

5. Arbeit: Schneckenrennen

»Glaubt ihr nicht, dass Schnecken rennen können? Na, dann wartet mal ab!«

Echte Schnecken werden mit farbigen Klebepunkten markiert. Nun malt man mit Kreide einen kleinen Kreis, in den man die Schnecken hineinsetzt, und einen etwas größeren Kreis außen herum als Ziellinie. Die erste Schnecke, die den Außenkreis erreicht hat, hat gewonnen und wird zur Rennschnecke des Jahres gekürt, was die Schnecke allerdings wenig beeindrucken wird. (Da wir in unserem eigenen Garten fast keine Schnecken hatten, mussten wir an einem regnerischen Tag zum

Schneckensammeln gehen. Ich darf den Gärtnern in der Nachbarschaft gar nicht erzählen, dass ich Schnecken importiert habe. Aber ich werde die Tierchen wieder dorthin zurückbringen, wo sie hingehören. Übrigens haben wir uns gut um die Schnecken gekümmert, sie bekamen genügend Feuchtigkeit und einen leckeren Salat. Sie sahen wirklich sehr glücklich aus.)

6. Arbeit: Ernten

»Wer von euch weiß denn, wo das hier wächst? An einem Baum? An einem Strauch? Unter der Erde? Dann guckt doch mal nach, wo ihr was ernten könnt.«

Ich zeige den Kindern auf Schildchen aufgemaltes Gemüse bzw. Obst, z. B. Apfel, Karotte, Himbeere. Alles, was gerade im Garten reif ist. (Gegebenenfalls muss man auch etwas nachhelfen: Die Karotten z. B. haben wir vorher extra eingebuddelt, weil die Karottenzeit schon vorbei war.) Die Gartenzwerge pflücken die Äpfel vom Baum und ziehen die Karotten aus der Erde.

7. Arbeit: Angeln

»Wisst ihr, was die Lieblingsbeschäftigung der Gartenzwerge ist? Angeln!«

Man kann Angel und Fische mit Haken oder mit Magneten versehen oder auch ein bestehendes Angelspiel umfunktionieren. Lustig ist auch, kleine Papierfische mit einem Strohhalm zu ›angeln‹, indem man die Fische mit dem Strohhalm erst ansaugt und an einer anderen Stelle wieder loslässt.

»Jetzt haben wir alle Samen zusammen, die dürft ihr nun einpflanzen.«

Wenn nicht schon alle zu k. o. sind, könnte man jetzt noch ein ›Gießspiel‹ machen.

Spiel: Blumen gießen

»Was fehlt denn unseren Pflanzen jetzt noch zum Wachsen? Genau! Wasser!«

Jedes Kind hat eine kleine Gießkanne. Die Kinder stehen in einer Reihe, das letzte Kind füllt aus einem Eimer Wasser in seine Gießkanne. Es schüttet das Wasser in die Kanne des nächsten Kindes usw., bis das Wasser das Kind beim Blumentopf erreicht. Und endlich bekommen die gepflanzten Samen Wasser! Das ist jedoch eher etwas für größere Zwerge, die ganz kleinen wollen lieber selbst hin und her sausen und gießen. Aber vielleicht könnte man hier auch die Eltern mit einspannen und dieses Spiel den Eltern überlassen. Da haben die kleinen Zwerge sicher auch großen Spaß und leihen gern mal ihren Mamas und Papas die Zwergenmützen aus. Denn ohne Zwergenmützen geht hier gar nichts.

»Jetzt müssen sich die Aushilfsgartenzwerge erst einmal stärken. Und nach dem Essen sehen wir nach, wie es unserer Sockenraupe geht. Sie ist ja weg!«

Heimlich, als die Kinder mit etwas anderem beschäftigt waren, habe ich die Sockenraupe aus dem Kokon geholt und einen Schmetterling am Stab in den Baum gesetzt. Jetzt lassen die Kinder den Schmetterling über die Wiese fliegen. Solche Schmetterlinge kann man aus buntem Papier selbst basteln oder einfach in einem Gartencenter kaufen. Wenn man den Stab auf und ab bewegt, bewegen sich automatisch auch die Flügel.

ORGANISATION

FÜR WEN EIGNET SICH DAS FEST

Dieses Fest ist ursprünglich für die ganz Kleinen gedacht – zwischen drei und fünf Jahren. Als sich die Kleinen verabschiedeten, übernahmen plötzlich die Großen die Zipfelmützen und damit das Feld. Sie waren zwischen sieben und zehn Jahren und amüsierten sich königlich. Sie bepflanzten Töpfe, stapften im ›Gartenzwergemarsch‹ hintereinander her (»Hey Zwerge, hey Zwerge, hey Zwerge, ho …«) und nahmen den Kampf gegen das Unkraut auf. Und meine achtjährige Tochter meinte am Abend: »Mein nächster Geburtstag soll ein Gartenzwergfest werden.« Ich denke, würde man dieses Motto etwas frecher gestalten, Schubkarren-Parcours auf Zeit, Bälle als Schmetterlinge verkleidet im Schmetterlingsnetz fangen etc., könnte es ein sehr lustiges Fest auch für Größere werden.

EINLADUNGEN

Das Kind kann auf die Karte einen Gartenzwerg malen oder aus Tonpapier ausgeschnittene Zwerge aufkleben. Man kann auch die ganze Karte in Form einer Blume aus Tonpapier gestalten, auf der die Infos zum Fest geschrieben stehen.

TISCHKÄRTCHEN

Gartenzwerge aus Knetmasse mit Namensschildchen oder Blumentöpfchen mit Papierblumen, auf denen die Namen stehen.

DEKO

Auf dem Tisch: Gummischnecken, Gummifrösche, Schokokäfer verteilen und für jedes Kind ein Spitzhütchen aus Tonpapier, um am Ende die Süßigkeiten mitzunehmen.
Auf der Wiese: Kreppblumen und ›Besprechungskreis‹ mit Sitzen aus Baumstümpfen oder umgedrehten Blumentöpfen. Hier werden die Gartenzwerggeschichte erzählt und die Aufgaben besprochen.

Essen

Dieses Fest eignet sich z.B. hervorragend für ein gesundes Büfett mit viel Obst und Gemüse. Einige Vorschläge:

- Raupe aus Gurke, mit Mayonnaiseaugen und Petersilienfühler
- süße Raupe aus zwei kleinen Ringbackformen (z. B. Limokuchen, s. S.26): Die Kuchen werden jeweils zur Hälfte durchgeschnitten und wie ein ›S‹ aneinander auf ein Brett gelegt. Die Raupe sieht dadurch aus, als würde sie sich schlängeln.
- Äpfel, Apfelringe, Apfelkuchen oder Apfelmus
- riesiger Beerenteller mit Erdbeeren, Himbeeren, Johannisbeeren …
- Obstspieße (Trauben aufgefädelt geben auch eine gute Raupe ab)
- Nussschnecken (s. S. 26), Karottenküchlein oder Muffins mit Marienkäferglasur
- Schon mal Brot im Blumentopf gebacken?
- Oder wie wäre es mit Möhren, Sellerie und Gurken mit Joghurtdipp
- Alle möglichen Säfte – Karottensaft, Gemüsesaft und Apfelsaft – werden aus der (neu gekauften!!!) Gießkanne gereicht.

REZEPTE

Nussschnecken

Für den Teig:
500 g Mehl
20 g Hefe
80 g Zucker
1 Prise Salz
80 g Butter
1/4 l Milch

Für die Füllung:
300 g gemahlene Haselnüsse
150 g Zucker
1 Päckchen Vanillinzucker
1 Becher süße Sahne
etwas Butter

Hefeteig zubereiten und gehen lassen (wohin auch immer). Die Zutaten für die Füllung anrühren. Den Teig zu einer rechteckigen Platte ausrollen, mit der Füllung bestreichen, aufrollen, in gleich große Stücke schneiden und auf ein eingefettetes Backblech legen.
Mit Sahne oder Milch bestreichen. Bei 200 °C ca. 20 Min. backen.

Limokuchen

Sehr einfach, schon Kinder können ihn alleine backen. Gut geeignet, um ›Themenkuchen‹ zu gestalten. Hier wird mit einer mittelgroßen Tasse abgemessen.

3 Tassen Mehl
1 Tasse Öl
2 Tassen Zucker
1 Tasse Limo
1 Päckchen Backpulver
1 Päckchen Vanillinzucker
4 Eier
1 Prise Salz

Alles verrühren und in eine gefettete Backform geben. Bei 180 °C ca. 40–45 Min. backen.

Zuckerguss für »Themenkuchenverzierungen«
250 g Puderzucker
5–6 EL Zitronensaft
Lebensmittelfarbe (gibt es im Lebensmittelgeschäft oder in der Apotheke)

Geben Sie die Flüssigkeit vorsichtig unter ständigem Rühren hinzu, um herauszufinden, wann die beste Konsistenz erreicht ist. Man kann den Zuckerguss am besten mit einem Teelöffel auftragen und verstreichen, wenn die Masse etwas dickflüssiger ist.

KOSTÜM

Gartenzwergspitzhüte für jedes Kind aus verschiedenen Filzen genäht oder geklebt. Letzteres ist wirklich einfach und dauert nicht lange.

ORGANISATION

TUDU-LISTE

Was muss ich tun, was habe ich zu Hause, was muss ich kaufen, was basteln?

was ich sonst noch zu diesem Fest zu sagen habe

Dieses Gartenfest gehört zu meinen absoluten Favoriten, die kleinen Gartenzwerge waren so wahnsinnig eifrig und wollten mit den ›Arbeiten‹ überhaupt nicht mehr aufhören.
Auch wenn ich Gartenzwerge bis dahin nicht besonders mochte … Mittlerweile glaube ich, sie haben einen Platz in unseren Herzen verdient. Und wenn ich jetzt an den zwergbesetzten Gärten vorbeigehe, muss ich unwillkürlich lächeln, weil ich an die süßen Urlaubsvertretungen denke. Also, geben Sie sich einen Ruck und schenken Sie den Gartenzwergen auch hin und wieder ein Lächeln!

Ein Straßenfest
für kleine Autofans

Nein, hier geht es nicht um ein Straßenfest im herkömmlichen Sinne, wie man es von Stadtteilen her kennt. Hier kommen kleine Autofans mal so richtig auf ihre Kosten.

Wir befinden uns nämlich in der Fahrschule von Herrn Fahrlehrer Pünktlich. Leider hat sich Herr Pünktlich verspätet und nun müssen die Fahrschüler (die Kinder) mit dem Mechanikerlehrling Fritz (Mami) und dem Polizisten Herrn Hubert Hupe (Papa oder ein größeres Geschwisterkind) vorliebnehmen. Und die bringen einiges durcheinander, wenn es um die Verkehrskontrolle geht. Das fängt schon damit an, dass Fritz immerzu das Wort Führerschein mit Führerschwein verwechselt und sich jedes Mal fragt, was das Schwein eigentlich mit Autos zu tun hat. Außerdem verstellt er manchmal heimlich die Verkehrszeichen, was schlimme Folgen haben kann. So muss man ständig auf der Hut sein, ob da nicht plötzlich eine Einbahnstraße ist, wo eben noch keine war.

Zu Beginn bekommt jedes Kind erst mal ein Umhängeschild: die Autonummer mit seinem Namen drauf (z. B. L-UIS 1). Und einen kleinen Führerschein, in dem nach jeder ›Prüfung‹ Stempel gesammelt werden. Hat der Prüfling alle Stempel beisammen, bekommt er die Unterschriften von Fritz und Herrn Hupe und hat den Führerschein bestanden.
Von da an ist er berechtigt, in diesem Hof mit seinem Bobbycar herumzufahren, wenn er sich auch weiterhin an die Verkehrsregeln hält. Jede sogenannte Prüfung wird mit einer Trillerpfeife oder einer Hupe angepfiffen bzw. angehupt!

1. Prüfung: Autoslalom

Ein ferngesteuertes Auto muss über einen Slalomparcours um Verkehrsschilder oder Pylonen herum und durch eine Unterführung (die Beine der anderen Kinder) gelenkt werden.

2. Prüfung: Theorietest

»Wer kennt sich schon mit Verkehrsschildern aus?«

Mit Kreide werden auf eine Tafel oder auf den Boden die verschiedenen Schilder gemalt und die Fahrschüler müssen erraten, was hier erlaubt, ver- oder geboten ist.

Trödel

Gehen Sie gern über Flohmärkte? Halten Sie doch mal Ausschau nach alten Reifen in verschiedenen Größen, auch von Fahrrädern o. Ä.

3. Prüfung: Reifenwechseln

Hier muss man verschiedene Reifen (Hula-Hoop-Reifen, kleine Kinderwagenreifen oder echte Ersatzreifen) eine Strecke entlangrollen, von Kind zu Kind. Der letzte Prüfling muss den Reifen über einen Gegenstand werfen (z. B. Sonnenschirmständer).

4. Prüfung: Nasenrallye

Kleine Autos, gebastelt aus Zündholzschachteln (aufgeklebte Knöpfe als Räder), werden mit der Nase über eine auf Pappe gemalte Straße vom Start bis zum Ziel geschoben.

SPIELE

5. Prüfung: Baggern

Hierfür braucht man einen Spielzeugkran mit Baggerzange, der wirklich Dinge aufheben kann. (Mal im Freundeskreis oder im Kindergarten nachfragen, ob man sich einen leihen kann!) Der angehende Kranführer muss nun verschiedene Gegenstände von einer Schüssel in die andere transportieren (eine Kette, ein kleines Plüschtier, einen Wattebausch, je nachdem wie viel Gewicht der Kran verträgt – vorher testen!).

6. Prüfung: Abschleppen

Spielzeugautos werden an Schnüren befestigt, an deren anderem Ende ein Stöckchen festgeknotet ist. Auf Pfiff müssen die kleinen Rennfahrer wickeln, was das Zeug hält, bis das Auto ganz ›abgeschleppt‹ ist.

7. Prüfung: Fahrpraxis

Jetzt darf endlich richtig gefahren werden! Wir haben im Hof den Boden mit Kreide bemalt: Einbahnstraßen, Parkplätze, Kreuzungen etc. Die Kinder fahren mit ihren mitgebrachten Bobbycars, Traktoren, Rollern, Fahrrädern und versuchen, sich an den aufgestellten Verkehrsschildern zu orientieren.

Ein Kind spielt übrigens die Ampel. Es steckt in einem Karton, der drei ausgeschnittene Löcher hat, die mit rotem, gelbem und grünem Transparentpapier bezogen sind. Mit einer Taschenlampe leuchtet die kleine Ampel immer von hinten eine der drei Farben an.

Und das Tanken nicht vergessen! Zwischendurch dürfen die kleinen Fahrschüler an der Tankstelle ›auftanken‹ – mit Limo bleifrei oder Supersaft!

FÜR WEN EIGNET SICH DAS FEST

Dieses Fest eignet sich für die ganz Kleinen, meine Führerscheinanwärter waren drei, vier und fünf Jahre alt. Aber schnell füllte sich der Hof mit Kindern aller Altersstufen, die die Verkehrsschilder und Straßen mit Begeisterung annahmen. Im Nu gab es jede Menge Polizisten, Motorradfahrer, Tankwarte und Verkehrssünder.

EINLADUNGEN

Wir bastelten aus Buntpapier ein kleines Auto und schrieben auf die Räder – die man wirklich drehen konnte – das Datum und die Uhrzeit der Geburtstagsfeier.
Man kann auch eine Collage aus Autos kleben, die man aus Zeitschriften ausschneidet, oder das Kind malt selbst ein kleines Auto auf eine Einladungskarte.

TISCHKÄRTCHEN

Verkehrsschilder oder Nummernschilder mit den Namen drauf (z. B. NI-CO 5)

DEKO

Die Tischdecke (ein altes Leinentuch oder eine Papiertischdecke) wird mit Straßen, Autos etc. bemalt.

KOSTÜM

Polizist: Polizeimütze, braunes oder grünes Hemd, Kelle, Trillerpfeife oder Hupe.
Mechanikerlehrling: blaue Latzhose, Schmiere im Gesicht, Kappe. Er könnte eine kleine Ölkanne dabeihaben oder Werkzeug.

HUP HUP

Einfache Plätzchen

250 g Mehl
125 g Zucker
2 Päckchen Vanillinzucker
1 Ei
150 g kalte Butter

Alles vermengen und den Teig 1 Stunde in den Kühlschrank stellen, dann lässt er sich leichter ausrollen. Ausgestochene Plätzchen im vorgeheizten Backofen bei 180 °C (Umluft 160 °C) ca. 15 Min. backen.

Essen

Manche Süßwarenabteilungen bieten eine große Auswahl an Schokoladen- und Weingummiautos sowie Verkehrsschilder aus Schokolade etc. an. Aus unserem berühmten Limokuchen (s. S. 26) wird mit Hilfe von Zuckerguss ein Auto. Wir stechen aus einem einfachen Mürbeteig Plätzchen mit einer Autoform aus.

Was ich sonst noch zu diesem Fest zu sagen habe

Wissen Sie, was mir an diesem Fest am schwersten gefallen ist? Aber das bleibt bitte unter uns! Die Dreiecke für die Vorfahrt-achten-Schilder! Vielleicht liegt es wirklich daran, dass ich eine Frau bin und mit diesen ganzen Autogeschichten und auch mit Dreiecken, die auf allen Seiten gleich sein sollen, nicht sonderlich viel am Hut habe. (»Was für einen Volvo habt ihr denn?« »Er ist silbergrau mit vier Rädern und einem gut funktionierenden Lenkrad!«) Aber sollte es da draußen noch mehr Frauen geben, denen das Zeichnen von Dreiecken Schwierigkeiten bereitet, hier kommt die Lösung des Problems: Man malt eine waagerechte Linie, zieht bei der Hälfte einen ebenso langen Strich gerade nach oben, verbindet die Ecken miteinander und – schwupps – schon hat man das perfekte Dreieck!!!

Die Piraten
sind los

Dies ist eine Kniegeschichte. Dazu müssen Sie – nein, müssen müssen Sie gar nichts! – also, Sie können Ihre Hosenbeine hochkrempeln oder Sie ziehen gleich kurze Piratenjeans an. Dann setzen Sie sich auf den Boden und stellen die Füße auf, damit man Ihre Knie gut sehen kann. Die werden jetzt nämlich – während Sie mit der Geschichte anfangen – verkleidet und mit Schminkstiften bemalt. Wenn Sie selbst nicht gern bunte Knie haben, können Sie sich auch die Knie der Kinder ausleihen oder die des Papas. Natürlich kann man diese Geschichte auch ohne Knie erzählen. Aber es sieht so lustig aus und die Kinder lachen sich über eine Mami mit angemalten Knien gern kaputt – und das sollte es Ihnen doch wert sein!

Erst einmal werden aber alle Kinder in Piraten verwandelt. Für jedes Kind habe ich ein Kopftuch und eine selbst gemachte Augenklappe (schwarzer Stoff, verstärkt mit Jeansstoff, und schwarzer Gummi) vorbereitet. (Man kann die Augenklappen natürlich auch mit den Kindern gemeinsam aus Pappe und Schnur basteln oder mit schwarzer Schminke aufs Gesicht malen.)

»Es war einmal ein kleiner Pirat. Der hatte, wie alle Piraten, ein Piratentuch (dem Knie ein kleines Tuch umbinden), eine Augenklappe über dem rechten Auge (zwei Augen mit Schminkstift aufmalen, eines mit einer Augenklappe bedecken), eine Narbe auf der linken Backe (Narbe auf das Knie malen) und Bartstoppeln (ebenfalls aufmalen).
Dieser Pirat war so klein, dass er noch nicht alleine auf hoher See fahren konnte und auch alleine kein Schiff kapern konnte. Somit war er ein armer Pirat, denn er hatte keine Schätze – nicht ein einziges Goldstück. (Allgemeines ›Ohhhhh!‹)
Doch eines Tages schlief er in einem kleinen Fass am Strand ein und als die Flut kam, trieb es ihn hinaus aufs Meer. So erreichte er die Jakobsinsel (wenn Ihr Geburtstagskind Lukas heißt, werden es natürlich die Lukasfelsen, oder an Pauls Geburtstag die Piratenpaulchenbucht), auf der bereits acht ebenso kleine Piraten saßen, die

auch jeder mit einem Fass auf diese Insel gespült worden waren. Auch sie hatten noch kein Schiff und keinen Schatz – noch nicht mal eine Goldmünze (Ohhhh!). Und der kleine Pirat fragte sie, ob sie mit ihm auf Schatzsuche gehen würden: ›Männer, wollt ihr mit mir auf Schatzsuche gehen?‹ Und die Männer riefen (mit tiefen Stimmen, denn Piraten – auch wenn sie sehr klein sind – haben immer tiefe Stimmen): ›Ja!‹ Und weiter riefen sie: ›Denn wir sind zwar klein, aber zusammen sind wir stark! Jawohl, zusammen sind wir stark!!!‹ Aber sie hatten nicht bemerkt, dass sie beobachtet wurden. Hinter einer Palme lauerte der berühmt-berüchtigte Pirat Käpt'n Hookcook – nicht zu verwechseln mit dem berühmten Papagei Kuckuck, denn das ist eine andere Geschichte, die ein andermal erzählt werden soll. In diesem Abenteuer steht fest, Hookcook wird euch, den kleinen Piraten, auf den Fersen sein und ich verrate euch schon eines: Er ist bereits jetzt mitten unter euch.«

Während dieser Rede verwandeln Sie Ihr anderes Knie in den gefürchteten Piratenkapitän. Einer der Erwachsenen ist auch als Hookcook verkleidet und genauso sollte der kleine Kniepirat nun aussehen, wenn er fertig ist. Dann ist später ganz klar, wer Käpt'n Hookcook verkörpert. Bei unserem Piratenfest habe ich die Rolle von Käpt'n Hookcook übernommen. Mein Kostüm lehnte ich ein wenig an Johnny Depp in »Fluch der Karibik« an. Dazu habe ich meine ›Haare‹ extra gefilzt. Na ja, ich meine, ich habe aus brauner Zauberwolle mit einer Filznadel lange Strähnen gefilzt, die ich – zusammen mit einer Perlenschnur – an ein Tuch nähte.

»Sofort bauten sich die kleinen Piraten ein Floß und machten sich auf die Reise über den gefährlichen Piranha-Fluss, um im Postsee nach einer Schatzkarte zu angeln. Doch die gefürchteten Wellenzwerge (Wellenzwerge sind mit blauem Stoff umwickelte Plastikflaschen) stellten sich ihnen in den Weg. Um sie unschädlich zu machen, mussten die Piraten von **Stein zu Stein** (Kissen zu Kissen) springen und am Ende ihre Gegner mit einer **Kokosnuss ›umkegeln‹**. Erst dann konnten der kleine Pirat und seine Freunde in Ruhe nach einer **›Postflasche‹ angeln** (mit einem Anker oder einem an einer Schnur befestigten Kleiderbügelhaken).

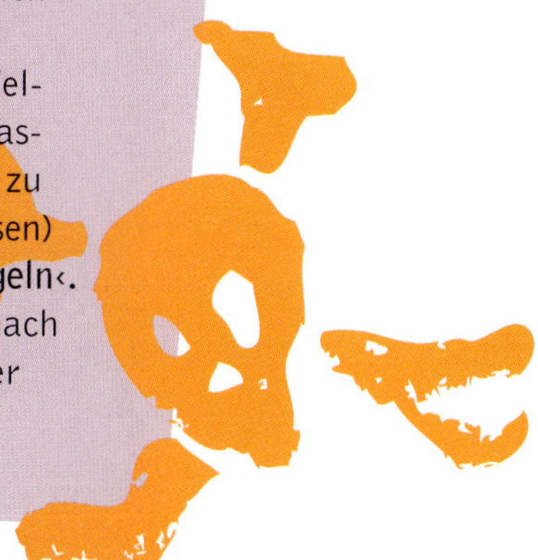

In der Flasche befanden sich ein Stück einer Schatzkarte und ein Brief, in dem stand: ›Dies ist der erste Teil einer Schatzkarte. Die anderen Teile müsst ihr euch erst verdienen. Besteht die Abenteuer und ihr kommt dem Schatz immer näher. Aber hütet euch vor dem gefährlichen Piraten Käpt'n Hookcook. Er ist ebenfalls auf der Suche nach der Schatzkarte und mehr als einmal werdet ihr ihm im Kampf gegenüberstehen.‹«

SPIELE

Und schon beginnt das

1. Abenteuer: Fischroulette

Auf einem Brett wird eine Kunststoffflasche mit einem langen Nagel befestigt. Außen herum gibt es Felder, auf denen verschiedene Fische abgebildet sind. Jeder Fisch, auf den die Flasche nach dem Drehen zeigt, bedeutet eine Aufgabe. War jeder Pirat zweimal dran, darf der nächste Teil der Schatzkarte aus der Flasche herausgenommen werden.

[Ist Ihnen das Roulette zu kompliziert, können die Kinder in der Badewanne oder einem Bottich mit richtigen kleinen Angeln die aus Pappe ausgeschnittenen Fische und zu guter Letzt auch die Flasche angeln.]

Die Fische und deren Aufgaben

Kugelfisch: Die Kinder müssen Kugelfische (Bälle mit Augen und angeklebten Flossen – es genügen auch einfache Bälle) in das Fischernetz werfen, das einer der kleinen Piraten hält. Auch hier könnte der schreckliche Pirat Hookcook versuchen, mit einem eigenen kleinen Netz die Kugelfische abzufangen. Oder er schlägt sie mit einer Art Baseballschläger oder einem Tennisschläger wieder zurück.
Haben Sie keine Netze und auch keine Kugelfische, dann müssen sich die Kinder beim Kugelfisch kugeln, sprich einen Purzelbaum machen.

Clownfisch: Der Roulettespieler erzählt einen Witz.

Sägefisch: Jetzt wird mit einer kleinen Säge ein Ast durchsägt. Bei uns war der Ast eine Küchenpapierrolle, das ging wesentlich einfacher.

Der Dosenfisch: Der Spieler muss einen Zungenbrecher fehlerfrei aufsagen: »Fischers Fritz fischt frische Fische, frische Fische fischt Fischers Fritz.«

SPIELE

Der Wal (der zwar kein Fisch ist, aber trotzdem dazugehört): Hier hat man die Wahl. Will man noch einmal drehen oder eine Runde ›Walisch‹ sprechen. Das ist sicher den meisten Kindern aus »Findet Nemo« bekannt: Alle Worte werden ewig lang gezogen, so als ob man eine Sprachaufnahme langsam abspielt.
Der Hammerhai: Der Spieler darf in ein kleines Brett mit einem Hammer einen Nagel schlagen. *(Ich bitte, darauf zu achten, dass die Nägel nicht länger sind als das Brett dick – ich spreche aus eigener Erfahrung!)* Bei einer zweiten Variante kommt die Kokosnuss ins Spiel: Jedes Mal, wenn die Flaschenpost auf den Hammerhai zeigt, schlägt ein Erwachsener mit einem Hammer und einem Nagel ein Loch hinein. Beim dritten Hammerhai dürfen die Piraten die Kokosmilch mit einem Strohhalm probieren.

Der Goldfisch: Der Goldfisch verkörpert das Spiel »Wer wird Millionär?«. Alle Kinder singen also:»GOLDFISCH« – wie in einem Quiz – und dem Roulettedreher wird eine fischige Frage gestellt. Wie zum Beispiel:

Warum zittert der Zitterrochen?

a) weil ihm kalt ist
b) weil er eine elektrische Spannung erzeugt
c) weil er Angst hat

Für jede richtige Antwort gibt es ein Stück Gold (Schokotaler).

**»Mit dem zweiten Teil der Schatzkarte im Gepäck machten sich die Piraten wieder auf den Weg.
Doch bevor sie sich auf die Suche nach dem nächsten Teil begaben, ließen sie sich die Arme tätowieren, als Zeichen ihrer Freundschaft.«**

Jeder bekommt ein Tattoo, geklebt oder aufgemalt. Ich hatte die Kartoffeln mit dem geschnitzten Totenkopfstempel noch von der Deko-Vorbereitung. Mit schwarzer Schminke ließ er sich sogar auf die Piratenoberarme drucken.

2. Abenteuer: Rettet den Seemann

»Über eine wacklige Brücke (ein langes Brett oder ein Holzbalken, über zwei große Kissen gelegt) ging der Beutezug weiter. Doch ach, was sahen sie da? In den Wellen des Meeres schwamm ein Pirat.«

Es ist unser berühmter Pappmachékopf, der auch auf dem ›Jahrmarkt‹ mit dabei sein darf. Weil er keinen Unterkörper hat, sondern nur einen Kopf mit Hals, sieht es so aus, als würde er sich im Wasser befinden, wenn man ihn auf ein blaues Tuch stellt. Haben Sie keinen berühmten Kopf, kann man auch den Papa in die Wellen setzen. Er könnte auch noch um Hilfe rufen! (Vielleicht trägt er zur Sicherheit unter seinem Piratentuch einen Fahrradhelm, damit er nicht bei den Rettungsversuchen verletzt wird.)

»Die Piraten versuchten nun, mit dem Rettungsring den Kopf zu treffen. Unter der Augenklappe des vorm Ertrinken geretteten Piraten befand sich der dritte Teil der Karte.«

3. Abenteuer: Bezwinge die Armdrückmaschine

»Bei ihrem nächsten Abenteuer standen die kleinen Piraten der gefürchteten Armdrückmaschine gegenüber, gegen die noch nie ein Matrose gewonnen hatte. Bis heute!«

Diese Armdrückmaschine ist eine Pappkiste, mit einem lustigen Piraten bemalt, durch ein Loch in ihrer Mitte streckt Papa oder Mama oder ein älterer Bruder den Arm heraus. Und schon geht das Armdrücken los. Ob Sie die Kinder dabei gewinnen oder verlieren lassen, liegt bei Ihnen. Aber egal, wie das Armdrücken ausgeht, die kleinen Piraten erbeuten auf jeden Fall einen weiteren Teil der Schatzkarte.

SPIELE

Wollen Sie keine Armdrückmaschine bauen, lassen Sie Käpt'n Hookcook persönlich gegen die Kinder antreten. Oder wie wäre es mit Fingerhakeln: Mit den kleinen Fingern versucht Hookcook zwei Piraten über den Tisch zu ziehen.

4. Abenteuer: Klau die Schatzkarte

»Das nächste Stück der Karte versteckte sich in einer der Manteltaschen von Käpt'n Hookcook, der gerade eingeschlafen war. Leider hatte er seine ›Schlafjacke‹ vorher mit kleinen Glöckchen an Sicherheitsnadeln gesichert, die natürlich jetzt wie eine Alarmanlage funktionierten. Läutete nur ein Glöckchen, erwachte der schnarchende Käpt'n und der kleine Pirat musste sich schnell in Sicherheit bringen. Trotzdem schafften es die Piraten, in einige Taschen hineinzufassen, um die Karte oder hier und da eine Silbermünze herauszuholen.«

Leeren Sie vorher die Taschen des Jacketts, bei uns fanden die kleinen Piraten außer Goldmünzen und Schatzkarte auch noch diverse Taschentücher (fast ungebraucht zum Glück) und – das passte natürlich wieder, war aber reiner Zufall – die Kinokarten von »Fluch der Karibik« von vor zwei Jahren.

5. Abenteuer: Tauziehen

»Als Käpt'n Hookcook wieder erwachte, forderte er die Piraten zu einem Tauziehen heraus. Wenn sie gewinnen sollten, würden sie von ihm ein Stück der Karte bekommen. Wenn er gewinnen sollte, müssten sie einen Teil herausrücken.«

Natürlich gewinnen die Kinder und nähern sich somit ihrem Ziel, dem Schatz.

6. Abenteuer: Finde das Krokodil

»Wie ja alle wissen, hatte ein Krokodil dem Urururgroßonkel des Kapitäns damals vor vielen, vielen Jahren eine Hand mitsamt der Armbanduhr abgebissen. Das einzig Gute an der Sache war, man hörte das Krokodil jetzt, wenn es sich näherte, da die Uhr in seinem Innern immer noch nicht verdaut war und somit immerfort tickte.«

Das wäre doch mal eine Werbung für diese bekannte Batteriemarke, bei der die rosa Häschen hoppeln. Lange Rede, kurzer Sinn: Den nächsten Teil der Karte gibt es nach dem Augenklappenspiel.

Die Piraten setzen sich in einen Kreis. Einer sitzt in der Mitte und bekommt über jedes Auge eine Augenklappe, damit er nichts mehr sieht. Ein laut tickender Wecker oder eine Eieruhr wird auf ca. zwei Minuten gestellt (bei kleineren Kindern die Minutenzahl erhöhen) und irgendwo bei den anderen Piraten versteckt. Während der Wecker versteckt wird, singen die Piraten »Heyhoheyhoheyho – Piraten sind wir, heyhoheyho-

SPIELE

heyho«, damit das Kind in der Mitte noch nicht heraushören kann, wo das Versteck liegt. Der ›blinde‹ Pirat in der Mitte muss jetzt versuchen, den Wecker zu finden, bevor er klingelt (wenn man bei jedem Durchgang etwas weniger Zeit gibt, wird es immer spannender).

Nun könnte man noch (wenn man noch kann!) einen **Dreibeinlauf** machen. Dabei wird immer von einem Kind das rechte an das linke Bein eines anderen Kindes gebunden. Beide Kinder müssen dann einen Löffel mit einer Kartoffel darauf balancieren und so gemeinsam über Hindernisse steigen. Feiern Sie draußen, kann man auch einen Becher mit Wasser balancieren und versuchen, am anderen Ende ein Gefäß zu füllen.

Oder machen Sie den **Limbodance:** Man muss unter einer Stange durchtanzen (mit schöner Rückbeuge), ohne sie herunterzustoßen. Von Durchgang zu Durchgang liegt die Stange etwas tiefer. Sie werden sehen, mit Hullahulla-Musik geht das gleich ein bisschen besser. Auch Käpt'n Hookcook ist natürlich mit von der Partie.

Oder wie wäre es mit einem **Kartoffelschälwettbewerb?** Das geht natürlich nur mit größeren Kindern. Man kann daraus auch einen Kartoffelschnitzwettbewerb machen. Wer als Erster etwas aus einer Kartoffel geschnitzt hat, das man erkennen kann, hat gewonnen.

Besitzen Sie zufällig einen **Globus** – beleuchtet oder unbeleuchtet? Schreiben Sie auf kleine Kärtchen Ländernamen und geben Sie den Kindern eine bestimmte Zeit – Wecker stellen –, um dieses Land zu finden. Je größer die Kinder, umso kleiner können die Länder sein, die sie suchen sollen – mit kleinen Tipps natürlich: Dieses Land befindet sich im Norden von Sowieso, aber südlich von Irgendwas.

»Schließlich hatten die Piraten alle Teile der Karte gefunden und fügten sie feierlich zu einem Ganzen zusammen. (Womit haben Piraten eigentlich früher ihre Schatzkarten geklebt? Tesafilm gab es ja wahrscheinlich noch nicht oder hatten die schon Uhu? Vielleicht mit Harz?) Dann konnte die Schatzsuche endlich losgehen.«

Sie können den Schatz in der Wohnung verstecken, es tut aber auch mal gut (gerade mit mehreren Jungs!!!), die Wohnung zu verlassen und an die frische Luft zu kommen. Wenn Sie einen Garten haben, können Sie die Schatztruhe dort verbuddeln, sonst im nahen Wald oder im Sandkasten des nächsten Spielplatzes. Vergessen Sie die Schaufeln nicht und auch nicht, den Schatz vorher wirklich zu vergraben. Als Schatztruhe empfehle ich einen Schuhkarton (evtl. mit Goldfarbe angesprüht), eine kleine Blech- oder Holzkiste. In der Kiste befindet sich alles, was blinkt und glitzert, dazu einige Geschenke für die tapferen Piraten: Schokogoldtaler, Tattoos, Glitzersteine, Gummifische oder kleine Piraten- oder Fischfiguren. Übrigens trafen wir bei unserer Schatzsuche noch eine zweite Piratengruppe, ebenfalls auf der Suche. Und da hatten wir wieder den Beweis – Piraten sind überall!

ORGANISATION

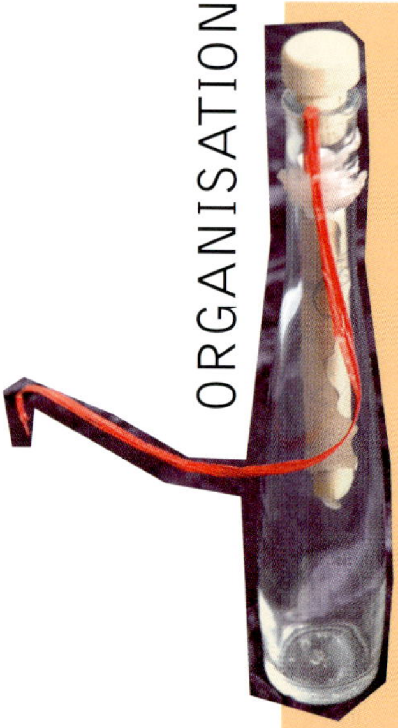

EINLADUNGEN

Die Pirateneinladung ist – wie könnte es anders sein – eine Flaschenpost. Wohnen die Kinder in der Nähe oder trifft man sie noch rechtzeitig, kann man die Einladung wirklich in einer schönen kleinen Glasflasche überreichen. Wohnt der Geburtstagsgast weiter weg, kann man eine Kunststoffflasche mit der Post schicken. Die Einladung selbst könnte eine Schatzkarte sein, die zur Wohnungstür führt. *(Sie müssen sie nur sehr deutlich zeichnen, damit auch alle Gäste ankommen!)* Einen besonders guten Effekt erzielt man, wenn man die Ränder der Karte leicht ankokelt *(ich sagte: »Leicht!!!«)*. Und die Flasche könnte man mit einem Korken verschließen oder mit einem Siegel aus Wachs. Befestigen Sie an der Einladung in der Flasche eine Schnur, die Sie mit dem Siegel vorne am Flaschenhals festmachen, so fällt es leichter, die Karte aus der Flasche zu ziehen.

TISCHKÄRTCHEN & PREISE

Die Tischkärtchen sind kleine Papierschiffe, auf denen die Namen der Kinder – ups, Entschuldigung, der Piraten – stehen. Auf jedem Teller liegt noch ein Säckchen mit aufgedrucktem Totenkopf *(ich sage nur: Kartoffeldruck macht's möglich)*. Darin können die Piraten später ihre Goldtaler und andere ›Kostbarkeiten‹ aus der Schatzkiste mit nach Hause nehmen. Als Preise bekommen die Piraten zudem ihre Augenklappe geschenkt.

Als Erinnerung an bestandene Abenteuer gibt es noch den ›Muskelprotzpiraten‹: Wir hatten auf Pappe einen sehr muskulösen Piraten gemalt, das Gesicht allerdings ausgespart und dort ein Loch hineingeschnitten. Die kleinen Piraten konnten sich so fotografieren lassen und bekamen später die ausgedruckten Fotos mit nach Hause.

DEKO & CO

Alles, was Sie zum Thema Meer finden: blaue Tischdecke, ein Netz, Fische, Muscheln, Sand, Treibholz vom Fluss, Steine, Goldtaler aus Schokolade und die Playmobilpiraten aus der Spielzeugkiste.
Unser Wohnzimmer musste mal wieder herhalten und wurde zur Piratenbucht umgebaut. (Jakob: »Ooooh, kann das nicht immer so bleiben?«) An die Wand haben wir ein großes Papier geklebt, auf das wir vorher eine Insel im Meer gemalt haben. Man kann auch auf ein altes Bettlaken malen oder direkt auf die Wand im Kinderzimmer, falls Ihr Kind dauerhafter im Piratenfieber ist. Oder vielleicht haben Sie noch irgendwo eine Fototapete mit Meerblick herumliegen?! Den eigenen Kindern machen die gemeinsamen Aktionen zur Partyvorbereitung garantiert schon viel Spaß. Dann bauten wir noch ein Floß aus einer Palette und im Hintergrund lief eine CD mit Meeresrauschen und Möwengekreische. *(Hier kommt mein Perfektionismus wieder zum Tragen, ich entschuldige mich dafür! Aber wie gesagt, jeder macht, was er will und wie viel er schafft. Eine Piraten-CD mit Filmmusik vom »Fluch der Karibik« wäre natürlich schon schick und macht die Atmosphäre komplett.)*

ESSEN

Wollen Sie es mal deftig? Dann empfehle ich Hühnerbeinchen, die kann man – wie es die Piraten auch gemacht haben – in die Hand nehmen. Auch Fisch (oder Fischstäbchen) ist sehr stilecht. Oder wie wäre es mit Kokosnuss, Ananas oder exotischen Fruchtspießen? Wenn Sie es lieber richtig süß haben wollen, backen Sie doch Fischplätzchen oder Seesternplätzchen (eine Sternform hat jeder von Weihnachten in der Schublade und Fische kann man mit dem Messer aus dem Teig schneiden). Aber auch salzige Fischchen aus der Knabberabteilung sehen sehr schön aus auf dem Seeräubertisch. Oder Sie

ORGANISATION

backen einen Schiffskuchen, einen Fischkuchen *(der muss nicht nach Fisch schmecken, er sollte nur die Form haben)* oder einen Krakenkuchen. Wir haben uns die Krake ausgesucht. Das Rezept kann wieder ein einfacher Rührkuchen sein – wir entscheiden uns für unseren allseits beliebten Limokuchen (s. S. 26).
Ich nehme von allen Zutaten etwas mehr und fülle Teig nicht nur in eine runde Backform, sondern auch in kleine feuerfeste Schüsselchen (für den Kopf der Krake). Aus dem fertigen runden Kuchen schneiden wir Ecken weg, die dann die Beinverlängerungen der Krake werden. Alles wird mit Zuckerguss verziert.

was ich sonst noch zu diesem Fest zu sagen habe

Vielleicht kennen Sie das Flaschendrehen zum Geschenke Auspacken: Das Geburtstagskind dreht die Flasche und das Päckchen des Gastes, auf den die Flasche zeigt, wird aufgemacht. Bei diesem Fest könnte man es **Flaschenpostdrehen** nennen.

Ein Jahrmarkt
anno dazumal

Schulhof oder Wohnzimmer

Der Jahrmarkt eignet sich besonders gut für größere (Sommer-) Feste in Schulen, Wohnvierteln etc. Bei einem Schulfest würde ich vorschlagen, alle Stände, Spiele und Aufführungen auf die Klassen zu verteilen. So hat jeder Lehrer nur eine Aufgabe und kann mit der Klasse daraus vielleicht sogar ein kleines Projekt machen. Der Markt lässt sich aber auch so reduzieren, dass er sich für den Kindergeburtstag in der Wohnung eignet.

Seit einigen Jahren organisiere ich den Kinderteil beim Sommerfest in unserer Wohngegend. Ich habe mir ein kleines Team für die Planung und die Organisation zusammengestellt und ein etwas größeres Team für Aufbau, Abbau und alles, was sonst noch anliegt. Das Fest findet meistens Ende Juli statt, die ersten Treffen für Brainstorming und Planung schon nach den Osterferien.
Jedes Jahr kurz vor dem Fest will ich alles hinschmeißen und nehme mir vor: »Ich tue es nie wieder!« Jedes Jahr, wenn der Festtag vorüber ist, denke ich darüber nach, welches Motto wir wohl im nächsten Jahr nehmen könnten.

Eine dieser Festideen möchte ich Ihnen hier vorstellen:

Wir verwandelten den ›Festplatz‹ an einem Vormittag in einen Jahrmarkt anno dazumal.
Die Buden wurden von mehreren, meist männlichen Helfern aus Biertischen und Pappe gebaut. Jeder Stand bekam ein schönes Schild, auf dem zu lesen war, um welches Geschäft es sich hier handelte. Alle Buden waren mit Fähnchen-Girlanden verbunden.

Zu jeder vollen Stunde fand eine Auktion statt, ein Luftballonverkäufer ging laut schreiend über den Platz, ein Jongleur zeigte seine Kunststücke und lehrte die Schaulustigen und ein Leierkastenmann sammelte mit seiner Musik viele Pfennigstücke ein. Und dann gab es auf einer kleinen Bühne die Kuriositätenschau, die das Publikum in Staunen versetzte.

Da wir im Vorfeld von vielen Sponsoren Spenden bekommen hatten, war es uns möglich, für sämtliche Angebote auf dem Jahrmarkt nur ›Pfennigbeträge‹ zu verlangen. Auf das Plakat, das überall in der Gegend aufgehängt wurde, hatten wir geschrieben: »Bitte vergesst eure Pfennige nicht!« Wir nahmen allerdings auch Centstücke und größeres Geld, wenn es gar nicht anders ging.

Am Ende der Schau ließen wir mehrere Zylinder herumgehen und deckten damit die restlichen Kosten, es reichte sogar noch für einen kleinen Umtrunk mit dem Team.

Punkt 14 Uhr eröffneten wir unseren Jahrmarkt. Schnell fühlten sich die Besucher wirklich in eine andere Zeit versetzt, auch weil wir Helfer und Organisatoren in zeitgemäße Kostüme gekleidet waren. Über eine Anlage lief Jahrmarktmusik (wenn man keine Spielorgelmusik findet, bietet es sich an, auf Filmsoundtracks zurückzugreifen, wie z. B. »Die wunderbare Welt der Amelie«).
Auch der Luftballonmann sorgte für die richtige Atmosphäre: »Luftballons, Luftballons, das Stück für 50 Pfennige!« Die Standbesitzer sollten ebenfalls schreien: »Treten Sie näher, kommen Sie zum Glücksrad, versuchen Sie Ihr Glück!« Wenn man noch begabte Schauspieler übrig hat, kann es sehr lustig sein, weitere Rollen zu vergeben, z. B. der Dorfpfarrer, der herumgeht und die Leute anspricht, warum sie am Sonntag nicht in der Kirche waren oder ob er ihnen die Beichte abnehmen soll.

Das Karussell

Wenn Sie nicht wissen, was Sie an Ihren freien Wochenenden vor dem Fest machen sollen – bauen Sie doch einfach ein Karussell! Um ehrlich zu sein, ganz so einfach ist das nicht, aber dafür wirklich beeindruckend. Der Mittelpunkt des Ganzen ist ein Sonnenschirmständer mit Sonnenschirm. Um diesen Ständer herum werden Holzleisten kreuz und quer befestigt, an deren Ende Kinderfahrräder, Roller oder Ähnliches (Achtung: Lenkung fixieren) angebracht werden. Man kann die Fahrzeuge noch mit Pappmachétierköpfen dekorieren. Treten die Kinder nun die Fahrräder an, dreht sich das Karussell, ob es will oder nicht. Ein Erlebnis!!!
»Die erste Fahrt ist frei, die zweite kostet nichts und die dritte ist umsonst!«

ATTRAKTIONEN

Der Leierkastenmann

Unseren Leierkastenmann statteten wir mit einem selbst gebastelten Leierkasten aus: eine Kiste, aus der eine Kurbel herausschaut, z. B. von einer alten Kaffeemühle oder einem Fleischwolf. In der Kiste, die man sich mit einem Gurt umhängen kann, befindet sich ein batteriebetriebener CD-Spieler (es gibt ein paar wenige CDs mit Leierkastenmusik). Auf dem Leierkasten steht ein kleiner Teller für Spenden und vielleicht hockt daneben ein Plüschäffchen.

Der Hoffotograf

Der Stand des Hoffotografen war etwas größer als die anderen. Denn man braucht dazu eine Kleiderstange, alte Kleider, Hüte, Ketten, einen Spiegel, einen Paravent, einen schönen altmodischen Fotohintergrund (einfach auf eine große Pappe eine alte Tapete aufkleben oder einen Vorhang der Uroma ausleihen). Und ganz wichtig: einen digitalen Fotoapparat und einen Drucker, um die Fotos gleich ausdrucken zu können. Haben Sie keinen, macht es auch nichts. Die Kunden können ihre Adresse dalassen und das Foto wird gegen eine kleine Gebühr in den nächsten Tagen nachgeschickt.

Der billige Jakob

Der billige Jakob war bei uns ein Stand mit nostalgischem Süßkram. Es gab immer frisches Popcorn (aus der Popcornmaschine). Aus verschiedenen Bonbongläsern konnte man große rote Himbeerbonbons,

Zuckerstangen, Bonbonketten, Traubenzucker und so weiter wählen: »Zwei hiervon und drei davon und vielleicht noch eines von da!« Alles wurde in kleine Dreieckstütchen gepackt (die bekommt man in manchen Papierläden oder man klebt sie selbst). Sehr passend wäre auch ein Tablett mit kandierten Früchten, die haben wir allerdings von der Liste gestrichen, als wir hörten, dass es an unserem Sommerfesttag 32 °C geben sollte. *(Viele Leute kamen nicht wegen der Hitze, dafür kamen dieselben im letzten Jahr nicht wegen des Regens. Ich sag's ja, manchen kann man es nie recht machen.)*

Die Wahrsagerin

Unsere Wahrsagerin hatte sich ein eigenes Zelt gebaut. Aus einem großen Sonnenschirm mit Schirmständer. An dem Schirm hatte sie bunte Tücher befestigt, sodass es wirklich wie ein kleines Zelt aussah. Innen war alles mit Kissen ausgelegt und in der Mitte stand ein Tischchen mit einer Kristallkugel. Es roch nach Räucherstäbchen und man hatte die Qual der Wahl, ob man sich lieber aus der Hand lesen lassen wollte oder ob einem die Karten die Zukunft zeigen sollten. Man konnte auch kleine Zettel ziehen mit Sprüchen darauf oder manch einer bekam ein kleines buntes Steinchen mit, das ihm Glück bringen sollte.

Die Wurfbuden

Es gab drei verschiedene Wurfbuden: Bei der einen konnte man – wenn man es konnte – mit Bällen in verschieden große Milchkannen zielen. Bei der nächsten Bude sollte man Pappmachézylinder von Pappmachéköpfen herunterwerfen. (In unserer ursprünglichen Planung sollten hier echte Menschen hinter einem Tisch knien und ihre Köpfe ständig hoch und runter bewegen. Aber wer macht das schon gern einen ganzen Nachmittag lang? Dann überlegten mein Mann und ich fieberhaft, wie man eine Konstruktion bauen könnte, bei der sich die Pappmachéköpfe auf und ab bewegten. Immer wieder dachten wir darüber nach und hatten schon diverse Skizzen aufs Papier gebracht. Schließlich schafften wir es zeitlich einfach nicht mehr

ATTRAKTIONEN

und das war auch nicht schlimm. Kein Mensch beschwerte sich: »Die Köpfe haben sich ja gar nicht bewegt.« Ich denke, auch das muss man lernen: Irgendwann Schluss zu machen – trotz seines Perfektionswillens und seiner Begeisterung für ein Fest.)
Bei der dritten Bude konnte man – wie üblich – mit Bällen eine Dosenpyramide abwerfen.

Die Nagelei

Einfach, aber effektvoll! Befestigen Sie einen Balken auf zwei Böcken. Zur Vorbereitung müssen dann viele Nägel leicht ins Holz geschlagen werden. Schafft man es mit drei (Kinder mit sechs) Schlägen, einen Nagel komplett hineinzuhämmern, bekommt man einen Preis.

Sockenball

Die Bälle kann man übrigens ganz leicht aus alten Socken machen: Einfach zwei Socken ineinander stülpen, mit etwas Watte ausstopfen und die offenen Stellen mit großen Stichen zunähen.

Die Hüpfburg anno 1900

Wie bitte, Sie wissen nicht, wie damals eine Hüpfburg ausgesehen hat? Das war einfach ein Berg von mindestens sechs Strohballen. Daneben stand ein erwachsener Aufpasser mit dem Rechen und gab acht, dass sich das Stroh nicht sonstwohin ausbreitete – was natürlich trotzdem geschah. Aber wenn man die Kinder beobachtete, die alles andere links liegen ließen, um die tollsten Sprünge und Strohschlachten zu veranstalten, machte es einem – fast – nichts mehr aus, am nächsten Tag eine Stunde Heu zusammenzurechen.

Hau den Lukas!

Auch hier überlegten wir lange, wie man den Lukas in die Tat umsetzen könnte. Und heraus kam Folgendes: Wir bekamen auf dem Flohmarkt einen Kinderboxsack geschenkt und dazu Kinderboxhandschuhe. Diesen Boxsack verkleideten wir. Er bekam eine Mütze auf, ein T-Shirt an und eine echte Kinderstrumpfhose, Kinderhose und Kinderschuhe. Außerdem Handschuhe an die Ärmel des T-Shirts. Wir stopften alles, was nicht Boxsack war, mit alten Kleidungsstücken, Stofffetzen und Watte aus und malten auf den Boxsack ein Gesicht. Auf das T-Shirt schrieben wir Lukas und fertig war unser eigener ›Hau den Lukas!‹. Auf dem Fest hängten wir den Kerl zwischen zwei Buden auf, die Boxhandschuhe daneben. Es gab einige Kinder, die es sich nicht nehmen ließen, ihre überschüssigen Kräfte an Lukas abzugeben.

Die Kuriositätenschau

Die Kuriositätenschau war unser Höhepunkt. Gleich nach den Pfingstferien fing ich an, mit 18 Kindern im Alter zwischen vier und 14 Jahren für die Schau zu proben. Natürlich mussten nicht immer alle gleichzeitig zu den Proben erscheinen, sondern nach Nummern aufgeteilt. Die Kinder waren wahnsinnig engagiert. Jedes Mal kam ich mit neu geschriebenen Texten an, jedes Mal zweifelte ich, ob die Kinder das alles lernen wollten oder könnten. Und jedes Mal überraschten mich die

Die Bühne

Für unsere Kuriositätenschau brauchten wir natürlich eine richtige Bühne. Die Grundschule war so nett, uns ihre Bühnenelemente zu borgen. Im Internet stehen viele Adressen, die Bühnenteile zum Ausleihen anbieten. Man muss nur rechtzeitig dran sein. Aber hören Sie sich doch einfach erst mal in Ihrer Umgebung um! Vielleicht steht ja irgendwo etwas Brauchbares im Keller rum.

ATTRAKTIONEN

Kinder bei der nächsten Probe und sprachen meine Texte auswendig Wort für Wort. Ich war mehr als einmal total gerührt.
Trotz der ganzen Rührung schaffte ich mir nach kurzer Zeit eine Trillerpfeife an, sonst wäre ich mit meinen vielen Erklärungen nicht über den immer wieder anwachsenden Lärm gekommen. Auch empfehle ich dringend, den Kindern alle Termine für ihre Proben auf Zettel zu schreiben – wobei z. T. auch das nichts nützt: Irgendwer kam immer nicht *(ein toller Satz!)*.
Trotzdem wurde es ein voller Erfolg. Sehen Sie selbst:

»Herrrreinspaziierrrt, herrrreinspazierrrt! Kommen Sie, staunen Sie!!!!
So etwas hat die Welt noch nicht gesehen, treten Sie näher und sperren Sie Ihre Augen und Ohren auf, denn nun kommt die größte Kuriositätenschau, die die Welt auf einem Jahrmarkt anno 1906 gesehen hat.
Und, verehrtes Publikum, geben Sie dem Staunen Raum! Staunen Sie, staunen Sie! Ohhh ... ahhh ...!Uhhh!! Iiihhh!!!«

DER STÄRKSTE MANN

Der starke Mann geht auf das Gewicht zu, zeigt seine Muskeln, versucht nun, das Gewicht zu heben. Er schafft es nicht! Kleiner Mann (Dienstmann) kommt mit einem Besen in der Hand vorbei, sieht das Problem, fasst mit einer Hand hin und stemmt das Gewicht hoch. Großer starker Mann wird wütend.

DIE DICKSTE FRAU

Die dickste Frau der Welt erscheint auf der Bühne: ein Mädchen in einem überdimensional ausgestopften Kleid, das ›anmutig‹ tanzt.

DER GRÖSSTE MANN

»Und gleich hier im Anschluss erscheint der größte Mann der Welt: Er heißt Fritz – schlicht und einfach Fritz.«
Ein größerer Junge trägt seinen kleineren Bruder auf den Schultern. Das Kind oben hat einen langen Mantel an, wodurch man das untere Kind nicht sehen kann.

DIE MARIONETTE UND DER PUPPENSPIELER

Wir banden Gummibänder an einen Hula-Hoop-Reifen (Sie können auch ein echtes Marionettenholzkreuz in groß bauen). Das Kind, das die Marionette spielt, wird mit Händen und Beinen an die Bänder geknotet. Es hängt vornübergebeugt herum, bis der Puppenspieler kommt. Den Reifen hält ein erwachsener Assistent in die Höhe, da er ja nicht von allein in der Luft hängen kann. Durch Ziehen an den Bändern bewegt der Pup-

Bei mir waren die Nummerngirls zwei Mädchen, die – abwechselnd oder zusammen – zwischen den einzelnen Nummern vor dem Vorhang auftraten (auch damit dahinter in Ruhe der Umbau stattfinden konnte). Sie kamen jedes Mal in einem anderen Kostüm und mit einer anderen kleinen Idee: einmal mit einem Gedicht, einmal mit einer Maske vor dem Gesicht usw. Dabei trug das Nummerngirl jedes Mal ein Schild mit der Ziffer der folgenden Nummer. Wir lockerten dies auf, indem wir hin und wieder Dinge wie »Noch 'ne Nummer« oder »Werbung« daraufschrieben.

penspieler die Puppe. Als sich der Marionettenspieler nach einer Blume bückt, die auf dem Boden liegt, macht sich die Puppe selbstständig und ärgert ihn.

DER QUACKSALBER

Man braucht: eine Glasvase mit klarem Wasser, verschiedene Lebensmittelfarben, Fläschchen, Pipetten und einen freiwilligen Kranken.
Der berühmte Doktor Terminus stellt sich vor. Er erzählt von seiner Medizin, die einfach bei jedem Wehwehchen hilft, und mischt sie vor den Augen des staunenden Publikums an (drei Tropfen Krötenpipi, etwas Ohrenwurmschmalz ...). Plötzlich springt ein Kranker aus dem Publikum auf die Bühne: »Herr Doktor, lassen Sie mich einen Schluck nehmen!« Der Kranke ist von oben bis unten mit Verbänden eingewickelt und stützt sich beim Gehen auf eine Krücke, er nimmt einen kräftigen Schluck – Trommelwirbel – und wirft Verbände und Krücke von sich. Tanzend und mit den Worten »Ich fühle mich, als wäre ich zehn Jahre alt« (was das Kind natürlich auch wirklich ist) verlässt er die Bühne. Die Menge tobt! (Vielleicht)

DER FLOHZIRKUS

»Meine Damen und Herren, ich bin der berühmteste aller Flohzirkusdirektoren der Welt. Ich habe Ihnen heute meinen besten Floh mitgebracht. Darf ich vorstellen: Balduin! (Er hält den Finger hoch in die Luft.) Applaus für Balduin den Floh! Balduin wird nun auf diesem Seil von links nach rechts balancieren. Balduin, bist du bereit? Hepp! (Trommelwirbel! Tusch!) Applaus! Und nun wird er dieselbe Strecke wieder zurückbalancieren. Hepp! (Trommelwirbel! Tusch!)
Und nun, verehrtes Publikum, wird Balduin durch einen noch nicht brennenden Reifen springen! Balduin, bist du bereit? Er ist bereit! Hepp! (Trommelwirbel) – Balduin, ich habe ›hepp‹ gesagt! (Balduin

will nicht. Direktor lächelt unsicher ins Publikum.) Also, Balduin, noch mal! (Trommelwirbel) Hepp! (Balduin will wieder nicht.) Was ist denn los mit dir? Balduin, hast du wieder deine Migräne? (Er hält das Ohr ganz nah an den Finger.) Ach so, du hast Hunger! Also gut, ein kleines Schlückchen. (Er hält ihn sich an den Arm – wartet ab.) Jetzt ist es aber genug. Mit vollem Magen soll man keine großen Sprünge machen. (Trommelwirbel) Hepp! Jetzt spring endlich! (Er hält ihn sich noch mal ans Ohr.) Er ist es gewöhnt, dass das Publikum eine ›La-Ola-Welle‹ macht, wenn er springt. – Also, noch einmal! (Trommelwirbel) Hepp! (Der Floh springt in hohem Bogen durch den Reifen.) Toll, das war toll! (Der Direktor ist begeistert und klatscht in die Hände, plötzlich fällt ihm ein, dass da ja der Floh war.) Upps, Balduin? – Hat jemand zufällig einen begabten Floh dabei? (Aus dem Publikum kommt ein Floh.) Oh, danke, ein Flohfräulein. Sehen wir mal, wie viele Saltos dieser Floh machen kann. Alle zählen mit! (Trommelwirbel) Hepp! (Der Direktor kreist mit seinem Kopf die Saltos mit.) Eins, zwei, drei … (Tusch. Er hält den Floh stolz hoch und verbeugt sich.) Möchten Sie ihn zurück haben?«

DER BAUCHREDNER

Eine meiner Lieblingsnummern. Der Bauchredner sitzt auf einem Hocker. Auf seinem Schoß die Bauchrednerpuppe Pepino. Pepino besteht aus einer ausgestopften Kinderstrumpfhose Größe 116, alten Kinderschuhen ca. Größe 19 und einem Hemd – umgedreht angenäht, damit man es hinten knöpfen kann. Hinter der genähten Puppe steht ein echtes Kind, das einen Arm durch Pepinos Hemdsärmel steckt. Der Bauchredner greift um das Kind herum und zieht sich den anderen Ärmel an. So ist seine Hand praktisch die Hand der Puppe und das Kindergesicht ist das Puppengesicht. Während Pepino, also das Kind,

spricht, presst der Bauchredner seine Zähne zusammen und sieht ins Publikum, denn so machen es die echten Bauchredner auch.
Bauchredner: »Sehr geehrtes Publikum. Darf ich mich vorstellen? Ich bin Heinz-Dieter, der weltberühmte Bauchredner. Und ich habe hier meinen kleinen Freund Pepino mitgebracht. Sag doch mal ›Hallo‹ zu den Leuten, Pepino!«
Pepino: »Hallo zu den Leuten, Pepino!«
Der Bauchredner und seine Puppe Pepino führen nun eine kleine Unterhaltung. Pepino könnte zum Beispiel einen frechen Witz erzählen, was dem Bauchredner natürlich sehr peinlich ist, oder er könnte mit ihm ein Lied singen (Bauchredner: Hänschen klein ... Pepino: ... ist ein Schwein). Am Schluss verabschiedet sich der Bauchredner mit den Worten: »So, du bist müde und musst jetzt ins Bett. Sag gute Nacht, Pepino!«
Pepino: »Gute Nacht, Pepino!«

DIE SPIELUHR

Wenn sich der Vorhang öffnet, stehen einige Figuren wie eingefroren auf der Bühne. Es sind die Puppen einer Spieluhr. Man hört eine Spieluhrmusik. Ein Kind kommt mit einem großen Schlüssel (aus Pappe, mit Frischhaltefolie umwickelt) auf die Bühne und zieht nach und nach die Puppen auf. Wir haben eine Tänzerin mit Schirmchen, ein Mädchen mit Blechtrommel, ein Aufziehhuhn und ein Hündchen mit zwei Becken, die es aneinander schlägt, wenn es aufgezogen ist. Dann bewegen sich alle Figuren, laufen in verschiedene Richtungen. Das Kind mit dem Schlüssel hat alle Hände voll zu tun. Es muss aufpassen, dass keine Figur über den Bühnenrand fällt und alle immer aufgezogen bleiben.

BÄRENTANZ

Eine kleine Zigeunerin steht mit ihrer Geige auf der Bühne, neben ihr liegt ein schlafender Bär. Die Zigeunerin spielt ein langsames Lied, der Bär schläft weiter. Sie beginnt ein schnelleres Zigeunerlied zu spielen, da wacht der Bär auf und tanzt. Wir hatten ein Mädchen, das wirklich Geige spielen konnte, aber man kann auch eine Geige basteln und Zigeunermusik über Band ablaufen lassen.

DER MOND

Ein kleiner Clown spielt auf einem Glockenspiel »Guten Abend, gute Nacht« und im Hintergrund klettert ein Kind mit einem Mond in der Hand die Leiter hinauf (als würde der Mond aufgehen). Wenn das Lied vorbei ist, steht der Mond (das Kind) ganz oben. Wir haben in der Tonleiter gestimmte Glocken, man kann aber auch ein herkömmliches Glockenspiel nehmen oder ein anderes zartes Instrument (Flöte, Geige etc.). Oder ein kleines Kind traut sich dieses Liedchen allein auf der Bühne zu singen.

ATTRAKTIONEN

FINALE

Alle kommen noch einmal auf die Bühne, auch die zwei Nummerngirls. Jedes hält einen Luftballon in der Hand. Auf dem einen steht ›ENDE‹, auf dem anderen ›AUS‹. Das eine Kind lässt seinen Ballon los, da er nur aufgeblasen, aber nicht verknotet ist, fliegt ›ENDE‹ einfach unkontrolliert ins Publikum. Das andere Kind lässt seinen Luftballon jetzt ebenfalls los. Dieser ist zwar verknotet, dafür aber mit Helium gefüllt. ›AUS‹ fliegt also weg und alle sehen ihm nach.

Wir drehen
einen Film

Der Fall, der keiner war

Ein Kurzkrimidrehbuch von Sabine Bohlmann

Die Personen sind frei erfunden. Jede Ähnlichkeit ist rein zufällig und auch nicht sehr wahrscheinlich.

FF – Feiereien Filmproduktion

PERSONEN

Graf Eugen von Knitterlook: Von allen nur Eugen oder ›der Graf‹ genannt. Er ist der Gastgeber. Er ist mürrisch und geht schon am Stock, denn er leidet an Gicht.

Elsbeth Kleinschmidt: Das hässliche Entlein – unscheinbar, schüchtern, kein Selbstbewusstsein. Sie ist Bibliothekarin, spielt seit zig Jahren Lotto und hofft auf den großen Gewinn.

Die Diva – Cordula Corelli: Als Schauspielerin hatte sie ihre großen Erfolge – vor einigen Jahrzehnten. Doch sie klammert sich immer noch fest daran. Heute kennt sie kein Mensch mehr. Was sie jedoch noch nicht wirklich bemerkt hat. Sie ist Kleptomanin, lässt also alle möglichen Kleinigkeiten mitgehen, ohne es zu wollen.

Der Juwelier – August Grimm: Sein einziges Hobby ist sein Beruf. Er liebt Juwelen und alle kostbaren Dinge. Er könnte stottern oder irgendeinen anderen Sprachfehler haben.

Der Butler – Alfons: An Vornehmheit übertrifft er alle anderen. Sieht aus, als hätte er ein Brett verschluckt. Der Graf geht nicht gerade freundlich mit ihm um. Alfons ist dennoch immer darauf bedacht, Haltung zu bewahren.

Die Köchin – Berta: Gemütlich und immer bemüht, das Essen rechtzeitig auf den Tisch zu bringen. Sie könnte einen Dialekt sprechen, je nachdem, was die Schauspielerin für diese Rolle mitbringt.

Der Kommissar – Daniel Durchblick: Namen sind Schall und Rauch – zumindest im Fall des Kommissars. Denn manchmal steht er mit der Nase vor dem Verbrecher und merkt es nicht.

Assistent – Henry Hirni: Wird vom Kommissar schlecht behandelt, obwohl ohne ihn gar nichts laufen würde. Denn er löst alle Fälle.

Der Doktor – Günther Galle: Spricht sehr nasal, d. h., er spricht quasi durch die Nase. Auch er versteht – wie der Kommissar – manchmal nur Bahnhof.

Casting etc.

Die Personen lassen sich beliebig austauschen, ergänzen und streichen, je nachdem, wie viele Mädchen und Jungen bei dem Fest dabei sind. Versuchen Sie, die Kinder auswählen zu lassen, wen sie spielen wollen. Meistens wissen sie selbst ganz genau, in welcher Rolle sie sich wohlfühlen und was sie sich zutrauen können.
Zurückhaltendere Kinder kann man auch für Klappe, Maske, Geräusche etc. einsetzen. Nicht jeder fühlt sich vor der Kamera wohl. Wobei jeder die Chance bekommen sollte, wenn er will. Vielleicht entpuppt sich auch ein schüchternes Kind plötzlich als Komiker.
Die Texte müssen nicht wortgetreu so gesprochen werden. Jeder, wie er mag. Manchem Kind hilft es, sich an einem Text zu orientieren, andere sprechen lieber frei und haben eigene Ideen. Sie können vorher auch nur mit den Kindern besprechen, um was es in den Szenen gehen soll und was wichtig ist. Oder Sie geben den Kindern richtige Drehbücher und Zeit, jede Szene zu lernen. Überlegen Sie mit den Kindern gemeinsam, wie sie ihre Rollen anlegen wollen. Wollen sie einen Akzent, einen Dialekt oder einen Sprachfehler, wie Lispeln, Stottern o. Ä., kann man dies einbauen. Kleiner Tipp: nur vereinzelt Sprachfehler etc. vergeben, sonst nervt es irgendwann nur noch.

1. Szene

Esszimmer des Grafen/Abend
Graf Eugen, Elsbeth Kleinschmidt, Cordula Corelli, August Grimm, Butler Alfons, Köchin Berta

Die Gäste und der Graf sitzen am feierlich gedeckten Tisch. Die Kamera ist auf die Suppenschüssel gerichtet, die von der Köchin Berta an den Butler Alfons weitergereicht wird. Die Kamera verfolgt die Schüssel, aus der jetzt jedem Gast Suppe in den Teller geschöpft wird. Vom Anfang der Szene an hört man schon den Text.

GRAF: »... und so freue ich mich, dass ihr meiner Einladung gefolgt seid. Und ich freue mich auch, dass ich heute an meinem 60. Geburtstag *(Man kann den Grafen auch schon über 100 sein lassen, dann muss man das aber auch spielen.)* nicht alleine sein muss. Abgesehen von der dicken Berta und meinem steifen Butler ...« (Er lacht)

Alle lachen, nur der Butler schaut etwas beleidigt.

GRAF: »Und ich möchte mit dieser Einladung auch an die Zeiten erinnern, vor 40 Jahren, als wir zusammen in die Abschlussklasse der berühmten Schmittchen-Schleich-Schule gingen. Das waren noch Zeiten ...«

AUGUST GRIMM: »Und was ist aus uns geworden, Eugen?«

CORDULA CORELLI: »Viel, August, ich finde, viel ist aus uns geworden. (Mit einem Seitenblick auf Elsbeth Kleinschmidt.) Na ja, aus mir jedenfalls, denn darf ich euch an meine großen schauspielerischen Momente erinnern in den Filmen ›Der Wald ruft‹ oder ›Wenn die bunten Berge glühen‹?«

ELSBETH KLEINSCHMIDT (sehr schüchtern): »Entschuldige, Cordula, wenn ich dich unterbreche, aber sagtest du nicht vorhin, die Filme hießen ›Der Berg ruft‹ und ›Wenn die bunten Wälder glühen‹?«

CORDULA CORELLI: »Ich werde doch wohl wissen, wie meine Filme hießen, Elsbeth Schätzchen!«

Inzwischen hat die Suppe mit dem Butler alle erreicht.

GRAF: »Alfons, was ist das für eine Suppe?«

BUTLER: »Blaubeersuppe, wenn es genehm ist. Wie es der Herr Graf angeordnet haben.«

GRAF: »Die sah auch schon mal besser aus. (Er riecht an der Suppe.) Ist da Ingwer drin?«

BUTLER: »Natürlich nicht, Herr Graf.«

GRAF: »Ich vertrage keinen Ingwer, das habe ich der Köchin Berta schon hundertmal gesagt, will sie mich vergiften?«

BUTLER: »Herr Graf, in der Suppe befindet sich kein Ingwer, wie ich schon sagte.«

GRAF: »Nicht frech werden, Alfons, ja nicht frech werden! Ach ja, bevor ich es vergesse. Ihr erinnert euch doch sicher an meine reiche Tante Isolde?«

CORDULA: »Wie könnten wir die vergessen, die kam doch aus Amerika – aus Texas – und hatte immer diese riesigen Ringe an den Fingern. Oh Gott, wie geschmacklos!«

AUGUST GRIMM: »Ja, das stimmt, sie hatte auffallend große Ringe. Einige waren nur billige Klunker, aber zwei, drei davon, die waren wirklich wertvoll. War da nicht sogar ein Zehnkaräter dabei?«

GRAF: »Ja, du hast recht, August, da war ein Zehnkaräter dabei. Und heute Morgen kam ein Päckchen für mich von Tante Isolde. Zu meinem Geburtstag. Und darin war ... (Er streckt seine Hand mit dem funkelnden Ring über den Tisch.) ... das hier.«

Es geht ein Raunen durch den Raum. Alle Köpfe kommen näher an den Ring heran. Stille. Plötzlich geht das Licht aus. Alle kreischen, man hört Geräusche, Gerangel. Als das Licht wieder angeht, sitzen alle ›brav‹ auf ihren Stühlen. Die Hand des Grafen ist immer noch ausgestreckt – aber ohne Ring.
Alle kreischen noch einmal.

GRAF: »Mein Ring ist weg!«

---

2. SZENE

Esszimmer des Grafen/Abend
Alles ist noch wie vorher, die Gäste warten. Da kommt der Butler ins Zimmer.

BUTLER: »Herr Graf, ich habe umgehend den Kommissar angerufen. Er wird in null Komma gar nichts hier sein.«

GRAF: »Sehr gut, und bis es so weit ist, verlässt niemand das Haus! Guten Appetit!«

Der Graf isst seine Suppe, die anderen sehen sich misstrauisch an. Manch einer rührt lustlos in seiner Suppe herum. Da fasst sich der Graf an die Kehle.

CORDULA CORELLI: »Um Gottes willen, Eugen, Schätzchen, was ist los?«

AUGUST GRIMM: »Was hast du, Eugen?«

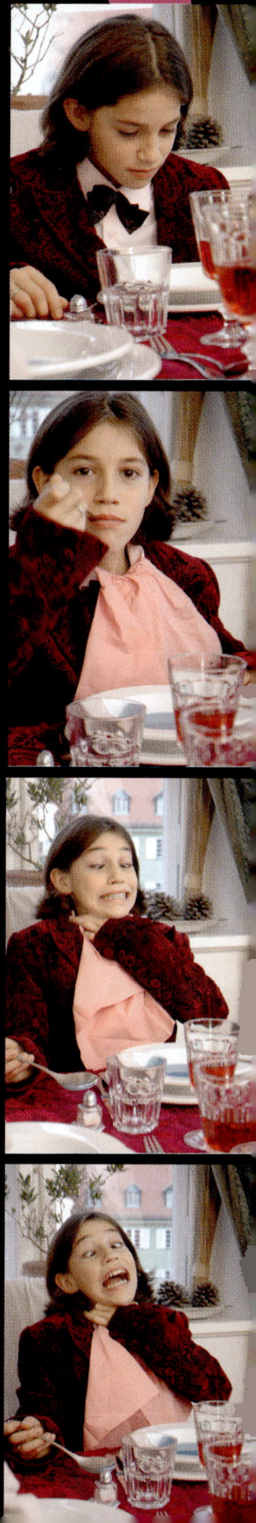

ELSBETH KLEINSCHMIDT: »Du musst dich doch nicht so aufregen, wegen so einem Ring.«

Doch der Graf sagt gar nichts mehr und fällt vornüber in die Suppe. Alle schreien.

---

3. SZENE

Esszimmer des Grafen/Abend
Butler Alfons, Elsbeth Kleinschmidt, August Grimm, Cordula Corelli, Doktor Galle, Kommissar Durchblick, Assistent Hirni

Alle stehen oder sitzen abwartend im Zimmer rum. Bis der Doktor endlich hereinkommt. Er hat das Stethoskop noch um.

DOKTOR GALLE: »Er schläft jetzt, ich habe ihm eine Beruhigungsspritze gegeben. Ich werde ihn erst einmal schlafen lassen. Er konnte nicht reden. Ich vermute, das Gift in der Suppe hat auch die Stimmbänder beeinträchtigt.«

AUGUST GRIMM: »Wird er überleben?«

DOKTOR: »Ich denke, er ist über den Berg.«

CORDULA CORELLI: »Oh, apropos Berg, haben Sie mich erkannt, Doktor? Ich bin die aus ›Der Berg brennt‹.«

Bevor Doktor Galle antworten kann, kommt der Butler mit dem Kommissar und dem Gehilfen herein.

BUTLER: »Darf ich vorstellen? Die Herren von der Kriminalpolizei.«

KOMMISSAR DURCHBLICK: »Durchblick, Daniel Durchblick mein Name.«

HENRY HIRNI: »Und ich bin …«

KOMMISSAR: »Ja, ja, später. Erst mal die wichtigen Dinge: Wer ist tot und warum und wer war es?«

ALLE (gleichzeitig durcheinander): »Tot ist niemand ... und wer es war ... wissen wir leider nicht ... keine Ahnung ... und der Ring ist weg ... gestohlen! Die Suppe war vergiftet ... ein Anschlag ... der Graf ist vergiftet worden!«

KOMMISSAR: »Moment, Moment! Nicht alle auf einmal! Also, ich muss wissen, wer, wann und warum.«

HIRNI: »Also, soweit ich das verstanden habe, Herr Kommissar, ist niemand tot. Es war nur ein Anschlag auf den Grafen. Die Suppe war vergiftet und ein wertvoller Ring ist weg.«

KOMMISSAR: »So, so, hat noch jemand von der Suppe probiert?«

Alle verneinen.

KOMMISSAR: »Also, kosten Sie, Hirni! Damit wir wissen, ob die ganze Suppe vergiftet ist.«

HIRNI: »Ich soll was?«

KOMMISSAR: »Kosten, Sie sollen kosten. Das kann doch nicht so schwer sein.«

Hirni geht langsam auf einen der Teller zu und nimmt zittrig einen Löffel voll. Er schmatzt leicht, dann nimmt er noch einen Löffel voll und noch einen. Die anderen staunen.

HIRNI: »Nicht schlecht: Blaubeersuppe, mit einem Hauch Ingwer.«

Alle sehen den Butler an, dieser die Köchin. Beide machen ein unschuldiges Gesicht.

BUTLER: »Ich muss jeden einzeln verhören. Ich fange mit Ihnen an.« (Er deutet auf Cordula Corelli.)

Cordula Corelli sieht die anderen fragend an, dann wirft sie ihren Schal oder ihre Federboa gekünstelt hinter sich und verlässt mit dem Kommissar den Raum.

---

4. SZENE

Esszimmer des Grafen/späterer Abend
Butler Alfons, Elsbeth Kleinschmidt, August Grimm, Cordula Corelli, Köchin Berta

Das Warten: Die Kamera zeigt die wartenden Personen im Esszimmer. Dazwischen die Uhr, die halbe Stunde um halbe Stunde vorwärtswandert. Jede der Personen vertreibt sich die Zeit auf andere Weise: Einer läuft unruhig hin und her, einer knabbert nervös Salzstangen, Cordula Corelli feilt ihre Nägel etc. Die Uhr läuft und läuft.

---

5. SZENE

Esszimmer des Grafen/noch späterer Abend
Butler Alfons, Elsbeth Kleinschmidt, August Grimm, Cordula Corelli, Köchin Berta, Kommissar Durchblick und Assistent Hirni

Der Kommissar kommt zur Tür herein, der Assistent ist noch draußen.

CORDULA CORELLI: »Herr Kommissar, haben Sie den Täter?«

KOMMISSAR DURCHBLICK: »Moment, Moment, nur nicht so hurtig! Setzen Sie sich und hören Sie sich an, was ich Ihnen zu sagen habe.«

Der Kommissar geht langsam auf und ab. Dann beginnt er.

KOMMISSAR: »Das Interessante an dem Fall ist: Jeder in diesem Raum hat ein Motiv.«

Alle reagieren empört. Der Assistent Hirni kommt herein.

HIRNI: »Herr Kommissar, ich muss Ihnen etwas sagen, ich habe ...«

KOMMISSAR: »Unterbrechen Sie mich nicht, Hirni!«

HIRNI: »Aber ich muss doch ...«

KOMMISSAR: »Setzen Sie sich hin! Niemand, und ich sage niemand, unterbricht den Kommissar. Sie dürfen Ihre Bewunderung später zum Ausdruck bringen.«

Hirni setzt sich.

KOMMISSAR: »Fangen wir mit Frau Corelli an.«

CORDULA CORELLI: »Immer mit mir!«

KOMMISSAR: »Ein Blick in Ihre Tasche genügte und mir war klar, was Sie für ein schwerwiegendes Problem haben.«

CORDULA: »Bitte, Schätzchen, müssen wir das hier besprechen?«

KOMMISSAR: »Sie können mit mir zur Polizeiwache gehen, wenn Ihnen das lieber ist.«

CORDULA: »Nein, danke, Schätzchen. Reden Sie nur weiter!«

Kleine Filmschule

Man kann den Kommissar nun einfach nur erzählen lassen. Aber falls Sie die technischen Möglichkeiten in Ihrem Computer haben, zu schneiden und den Ton drüberzulegen, wäre es natürlich schick, wenn man, während der Kommissar erzählt, wie in einem Rückblick, die einzelnen Szenen noch einmal sieht: D. h., wir sehen die Ring- und Anschlagszene immer wieder mit verschiedenen Tätern. Gleichzeitig erzählt der Kommissar, wie es gewesen sein könnte. Da wir eine Szene sehen, die im Dunkeln geschah, müssen alle Schauspieler so tun, als ob sie nichts sehen können. Man könnte auch jeweils zeigen, was der Kommissar und sein Assistent in den Handtaschen finden, bzw. andere Dinge, von denen gerade berichtet wird, filmisch umsetzen.

HIRNI: »Herr Kommissar, ich möchte ...«

KOMMISSAR: »Sitz! Also, wo war ich stehen geblieben? In der Tasche dieser Dame fand ich eine Gabel, eine Serviette, ein Feuerzeug mit den Initialen ›A G‹, August Grimm, vermute ich.«

AUGUST GRIMM: »Moment mal!«

KOMMISSAR: »Alles zu seiner Zeit, Herr Grimm. Außerdem fand ich die Visitenkarte von Doktor Dumpfbacke, ein sehr bekannter Arzt für schwere Fälle von Kleptomanie.«

Alle sehen erstaunt Cordula Corelli an.

ALLE (gleichzeitig durcheinander): »Cordula! ... Cordula, Du? ... Das hätte ich nicht von dir gedacht!«

KOMMISSAR: »Also, könnte es sein, dass Frau Corelli nicht widerstehen konnte, als sie den Ring sah, und sich wie eine diebische Elster darauf stürzte, als das Licht ausging? Aber lassen Sie mich gleich weitersprechen. Kommen wir zu Frau Kleinschmidt.«

ELSBETH KLEINSCHMIDT: »Zu mir, aber ich bin doch ... ich bin doch kein Dieb!«

CORDULA: »Das sagen sie alle!«

KOMMISSAR: »Auch in Ihre Tasche habe ich einen Blick geworfen. Auch das war sehr aufschlussreich. Ich fand einen Stapel Lottoscheine der letzten Monate und einen Stapel unbezahlter Rechnungen. Außerdem einen leeren Geldbeutel.«

ELSBETH: »Ja, und, was wollen Sie damit sagen?«

HIRNI: »Herr Kommissar, ich würde ...«

Der Kommissar baut sich drohend über dem Gehilfen auf, dieser setzt sich sofort wieder auf seinen Stuhl.

KOMMISSAR: »Das liegt doch auf der Hand, jemand, der so viele Schulden hat und so wenig Geld, der ergreift doch jede Gelegenheit. Mit einem Mal wären Sie aus dem Schneider und könnten ein erfülltes Leben führen, ohne Sorgen. Aber noch nicht genug! Kommen wir zu Herrn August Grimm. Sie sind von Beruf Juwelier. Und ich brauchte nur einmal kurz zu fragen, was Ihnen Ihr Beruf bedeutet, Ihre Augen fingen sofort an, wie ein 100-Karäter zu funkeln. Dieser Stein hätte Ihrer Sammlung – die ja überall berühmt ist – die Krone aufgesetzt.«

AUGUST: »Herr Kommissar, deswegen würde ich doch nicht …«

KOMMISSAR: »Und dann noch unser lieber Butler. Wie lange hat er sich demütigen lassen durch den Grafen? Jeder hier im Raum hat mir bestätigt, dass der Herr Graf nicht gerade nett zu Ihnen war, Alfons.«

BUTLER: »Na ja, aber deswegen …«

KOMMISSAR: »Kommen wir nun zur letzten Verdächtigen, der Köchin, Frau Berta.«

BERTA: »Um Himmels willen, ich kann doch keiner Fliege was zuleide tun.«

KOMMISSAR: »Aber Sie können Ingwer in die Suppe mischen, obwohl Sie wissen, dass der Graf darauf allergisch reagiert!«

BERTA: »Allergisch, allergisch! Die paar Pickel, die er davon bekommt, werden ihn schon nicht umbringen.«

KOMMISSAR: »Kommen wir nun zum Schluss: Sie stecken alle

unter einer Decke, ich werde Sie alle verhaften und ich werde Sie umgehend mit dem Streifenwagen abholen lassen, noch Fragen? Herr Hirni, war ich nicht wieder gut, ich glaube, so schnell war ich noch nie. Was wollten Sie sagen?«

HIRNI (schüchtern): »Ich war noch beim Herrn Grafen ...«

KOMMISSAR: »Na und?«

HIRNI: »Er hat das hier ausgespuckt (Er hält den Ring hoch) und gemeint, er wäre ihm in der Dunkelheit in die Suppe gefallen und er wäre beinahe daran erstickt.«

KOMMISSAR: »Was wollen Sie damit sagen?«

HIRNI: »Na ja, was ich damit meine, ist, der Ring ist wieder da, der Graf lebt, es gab eigentlich gar keinen Fall.«

Alle schauen sich verblüfft an und beginnen plötzlich zu lachen, alle bis auf den Kommissar.

Regie

Denken Sie schon beim Drehen an die Schnitte! Was passt zusammen, was nicht? Filmen Sie die Szene einmal in der Totalen (d. h., die Kamera steht auf einem Stativ an einem Fleck und bewegt sich nicht vom Platz, man hat ein großes Bild, der ganze Raum, alle Darsteller werden gefilmt)! Dann können Sie dieselbe Szene noch einmal mit Großaufnahmen drehen. Diese können dann später in die Totalen hineingeschnitten werden. *(Seltsam eigentlich, dass es nicht ›hineinkleben‹ heißt. Denn normalerweise schneidet man ja etwas durch und der Begriff ›Schneiden‹ kommt ja auch aus der Zeit, als die Cutter, d. h. die Filmschneider, wirklich noch mit Scheren das Filmmaterial auseinandergeschnitten und an anderen Stellen hineingeklebt haben. Auf jeden Fall spricht man weiterhin von ›Filmschnitt‹, auch wenn man nur noch am Computer tippt.)* Improvisieren die Darsteller, hat man später für Großaufnahmen und Schnitte fast keine Chance – es sei denn, man filmt direkt mit zwei Kameras.
Auf alle Fälle kann man noch Details aufnehmen: der Ring, die Suppe, stumme Blicke von einigen Personen. Haben Sie keine Gelegenheit den Film nachzubearbeiten, drehen Sie ihn einfach Stück für Stück, Satz für Satz sozusagen. Oder eine ganze Szene in einem durch. In jedem Fall rate ich Ihnen zu einigen Proben, bevor Sie filmen, damit die Schauspieler sicherer werden.
Arbeiten Sie als Coach! Geben Sie den Kindern Tipps, wie sie bestimmte Dinge spielen könnten! Vielleicht entwickelt man auch gemeinsam Ideen. Es sei denn, die Kinder wollen alles allein machen, dann ziehen Sie sich bitte diskret zurück *(immer muss ich raus!)* und kümmern sich um das Catering.

Schneiden

Viele Computer haben ein kleines Schnittprogramm. Das Schneiden von Filmmaterial ist nicht sehr schwierig. Je nach Möglichkeiten kann man dabei auch Musik, Texte und Geräusche über den Film legen. Hören Sie sich im Bekanntenkreis um, ob sich jemand damit auskennt. Es ist

Popcorn

Kein Kino ohne Popcorn *(meine Tochter nennt es heute noch ›Pocporn‹).* Ganz einfach zu machen: In einem großen Topf etwas Öl erhitzen und den Boden mit Maiskörnern bedecken (nicht zu viele, denn die vermehren sich wie die Karnickel. Deckel drauf (ganz wichtig, sonst fliegt Ihnen das Popcorn um die Ohren), mittlere Hitze – abwarten! Immer mal wieder den ganzen Topf schütteln, damit es nicht anbrennt! Nach einiger Zeit fangen die Körner an zu ›ploppen‹, wie ein kleines Feuerwerk. Dann geht es ganz schnell. Achtung: Erst den Deckel hochheben, wenn es nicht mehr kracht! Denn erst dann ist alles fertig. Jetzt das Popcorn auf zwei große Schüsseln verteilen: eine salzen, die andere zuckern (geht auch mit Puderzucker). Ich weiß immer noch nicht, was die Kinos dazu berechtigt, für eine Tüte Popcorn 3,50 Euro zu verlangen. Entschuldigung, das sind 7 DM! Ich gebe zu, in solchen Fällen rechne ich noch um.

jedoch meistens nicht an dem Tag möglich, an dem man den Film dreht. Machen Sie gleich einen zweiten Termin mit den Kindern – und deren Eltern – aus für ein Heimkino. Mit Popcorn und Eintrittskarten. Vielleicht sogar mit einem Beamer auf eine Leinwand geworfen. Es ist gut, den Vorführtermin gleich zu bestimmen, sonst lässt man sich für das Schneiden so lange Zeit, bis man es schließlich immer mit schlechtem Gewissen vor sich herschiebt. *(Sicher ist es auch lustig, den Kindern den Film in 30 Jahren beim Klassentreffen vorzuführen, aber wer weiß, ob es dann überhaupt noch DVD- oder Videorecorder gibt.)* Also, schreiben Sie sich direkt bei der Planung in Ihren Kalender für ein oder zwei Abende ›Film-Nachbearbeitung‹, ich spreche aus Erfahrung – sonst macht man es nie.

FÜR WEN EIGNET SICH DAS FEST

Dieses Fest ist eindeutig für ältere Kinder gedacht, wenn das Interesse für Topfschlagen, Piratenpartys und Co. schon langsam nachlässt, die Disco jedoch noch kein Thema ist. Unsere Filmschaffenden waren zwischen zehn und 13 Jahren.

EINLADUNG

Zu diesem Fest kann man aus runden Käseschachteln Filmdosen basteln. Aus Pappe einige Erhebungen darauf kleben und alles silbern anmalen oder mit Silberfolie bekleben. In die ›Filmdose‹ kommt ein ›Filmstreifen‹, auf dem alles draufsteht: wo, wann und dass es sich um einen Filmgeburtstag handelt. Auf die andere Seite des Filmstreifens kann man kleine Fotos des Geburtstagskindes (vom Baby bis heute) kleben oder Fotos, auf denen sich das Geburtstagskind wie in einem Daumenkino bewegt. Die könnte man auch extra dafür fotografieren, z. B. das Auspusten einer Kerze. Oder man klebt aus Fernsehzeitschriften ausgeschnittene Bilder von Stars auf den Filmstreifen.

KOSTÜM

Am besten wäre hier ein großer Verkleidungskoffer oder der geöffnete Schrank der Eltern. Wenn die Rollen verteilt sind, weiß meistens jedes Kind genau, was zu ihm und seiner Rolle passt. So spielte zum Beispiel Paulina die Rolle der Elsbeth Kleinschmidt und griff zielsicher nach Faltenrock, Blüschen und Nickelbrille. Und der Juwelier kam schon mit weißem Hemd, Pullover und Fliege zum Fest, denn er dachte sich, bei einem Krimi ist das nie verkehrt.

DEKO/REQUISITE

Am wichtigsten ist hier natürlich die Kamera (aufladen nicht vergessen, sonst nimmt das Fest ein frühes Ende). Unverzichtbar war für uns auch eine Klappe, die wir aus Holz und einem Scharnier zusammenhämmerten und mit schwarzer Tafelfarbe (im Baumarkt) bemal-

ORGANISATION

ten. Jetzt konnte man mit weißer Kreide den Film und die jeweiligen Szenen draufschreiben.
Auch die Motivsuche ist ein wichtiges Thema. Wo wird gedreht, passt unser Wohnzimmer als Kulisse? Was nicht passt, wird passend gemacht. Wir hängten schwere Stoffe an unsere Fenster, deckten den Tisch mit einer rosa Seidentischdecke und Kerzenleuchtern und schafften so eine sehr adlige Atmosphäre. Eine der wichtigsten Requisiten ist der Ring. Ich habe hierfür in der Perlenabteilung im Bastelgeschäft einen ›Blanko-Ring‹ gekauft, auf den ich mit Knetmasse den ›Diamant‹ – ebenfalls aus dem Bastelgeschäft – aufdrückte.

Essen

An einem richtigen Set wartet kein gedeckter Tisch. Da gibt es ein Catering (meistens Leberkäsesemmeln – in München zumindest) oder kleine belegte Brötchen, eine Schale Obst und Getränke. Man isst so nebenbei. Manchmal wird auch Gulaschsuppe angeboten, dann muss man mit seinem Schälchen anstehen. Und oft auch ein großes Lätzchen tragen, damit man sein Kostüm nicht ruiniert.

NOCH MEHR ZUM THEMA FILM

- Man könnte gemeinsam für den eigenen Film ein Kinoplakat entwerfen.
- Schon mal ein Daumenkino selbst gemacht?
- Wie wäre es mit einem Stummfilm?
- Oder einem Filmquiz?
- Eine Stuntshow einüben
- Einen Zeichentrickfilm drehen oder einen Knetmännchenfilm
- Vielleicht wollen Sie ja gar keinen Krimi drehen, wie wäre es mit einem Videoclip, einer Seifenoper oder einer Fernsehshow? Man könnte diesen Film auch mit einem Werbespot unterbrechen oder zu Beginn jemanden sagen lassen: »Diese Sendung wird Ihnen von Maggi präsentiert – Blaubeersuppe mit Ingwer.« Sehr schön ist natürlich auch noch eine richtige Ansage. Schneiden Sie einen Rahmen aus Pappe aus, in dem – wie in einem Fernseher – der Moderator sitzt und den Film ansagt.

Der Wald ruft

Der Wald ist ein so vielschichtiges Thema, dass ich mich bei der Beschreibung hier nicht zu sehr festlegen will. Außerdem ist jeder Wald anders, jede Jahreszeit bringt andere Möglichkeiten mit sich. Wie kann ich wissen, ob Ihr Wald einen guten ›Flummipilzbaum‹ hat oder welche Tiere Sie bei Ihrer Expedition finden?
Deshalb habe ich einfach alles, was mir zu diesem Thema einfiel, aufgeschrieben und Sie dürfen sich aus den Anregungen das herauspicken, was Sie brauchen können, was Ihnen gefällt und was in Ihren persönlichen Waldweg passt.

Pfadfinder

Suchen Sie vorher einen geeigneten Wald und eine geeignete Strecke! Querfeldein ist immer spannender, als auf den Wegen zu gehen. Ist ein Fluss in der Nähe? Kann man irgendwo klettern, über einen Ast balancieren oder einen umgestürzten Baum unter die Lupe nehmen?
Markieren Sie den ›Waldpfad‹, indem Sie Pfeile aus Naturmaterialien auf den Boden legen und in größeren Abständen ein Symbol, wie einen Kreis, ein Kreuz etc. Die Kinder suchen später nach den Pfeilen und bei jedem Symbol gibt es eine Aufgabe, ein Spiel oder eine Geschichte.

Den Wald verpacken

Sonntagvormittag, die Sonne scheint, die Mutter ruft fröhlich: »Kinder, auf geht's, wir machen einen Spaziergang!« Haben Sie in dieser Situation schon jemals ein Kind erlebt, das freudestrahlend aus dem Kinderzimmer hüpft, seine gerade aufgebaute Legolandschaft hinter sich lässt, Ihnen um den Hals fällt und sagt »Juhu, hurra, ich liebe Spaziergänge!«?
Also stellen Sie sich bei diesem Fest als Erstes die Frage: Wie verpacke ich den Wald?

- ★ Eine Reise durch die Welt der Naturgeister?
- ★ Eine Expedition für Entdecker?
- ★ Wir besuchen die Elfen und Trolle?
- ★ Eine Sinnesreise?
- ★ Eine Schnitzeljagd?
- ★ Wir sind Tiere des Waldes?

Warum Wald?

»Welche Bedeutung hat der Wald? Was kann der Wald? Wie gehe ich mit dem Wald um? Wie kann ich ihn schützen?«

Auch wenn Ihnen das vielleicht ein wenig ›zeigefingermäßig‹ erscheint. Es ist schön, mit einer größeren Gruppe von Kindern über ernste Themen zu sprechen.

Jäger und Sammler

Jedes Kind erhält einen kleinen Sammelbeutel. Die lassen sich aus Stoffresten ganz einfach nähen. Wichtig ist, dass die Täschchen zum Umhängen sind, damit alle Hände und Arme frei sind. Frei für den Wald. Zu Beginn gibt man den Kindern eine Liste mit Dingen, die sie auf ihrem Weg durch den Wald ganz nebenbei suchen müssen:

- eine Feder
- etwas Rundes
- etwas Spitzes
- etwas Weiches
- einen Müll
- etwas ganz Gerades
- ein angeknabbertes Blatt
- etwas Rotes
- etwas, das aussieht wie ein Gesicht
- etwas, das aussieht wie ein Tier
- etwas, was kein anderer hat

Wer am Ende die meisten Dinge von der Liste gefunden hat, hat gewonnen.

Zwei Rucksäcke

Ein Rucksack ist für die Verpflegung dabei. Haben Sie einen bestimmten Platz im Wald, an dem Sie picknicken wollen, ist es natürlich auch spannend, Sie deponieren vorher diesen Rucksack oder einen Korb in einer Baumhöhle. (Alles Essbare gut verpacken! Man weiß ja nie, wer noch so vorbeikommt und Hunger hat.) Im zweiten Rucksack befindet sich alles, was man sonst noch braucht: mehrere Taschenmesser, Lupen, Seile oder Schnüre, Maßband, Bleistifte, Buntstifte, Papier, Tücher, schwarze Papprahmen etc.

SPIELE

Waldmemory oder Was fehlt?

Suchen Sie in der näheren Umgebung zehn Dinge: Beere, Zapfen, Blatt, Stock, Stein, Rinde usw. Legen Sie alles unter ein Tuch. Die Kinder dürfen sich die Gegenstände eine Minute lang ansehen und müssen dann loslaufen, um die gleichen Sachen zu finden. Nach fünf Minuten werden sie zurückgerufen. Das Kind, das die meisten ›Doppelgänger‹ gefunden hat, hat gewonnen.

Oder man nimmt ein Stück unter dem Tuch weg und lässt die Kinder raten, welches Teil fehlt.

Gesichter suchen

Jedes Ding, ob Stein, ob Baum, hat – wie es heißt – seinen eigenen Naturgeist. Manchmal kann man in einer Rinde, in einem Stock oder einem Blatt ein Gesicht erkennen. Manche Wurzeln sehen aus wie knorrige Hände. Sensibilisieren Sie die Kinder dafür. Sie werden staunen, wie viele Gesichter eine Gruppe Kinder entdeckt.

Flummis

Wussten Sie, dass man aus Baumpilzen (das sind – wie der Name schon sagt – Pilze, die an Bäumen wachsen) hervorragende Flummis schnitzen kann? Eine Arbeit, die sich lohnt! Allzu lang sollten Sie die Flummis jedoch nicht zu Hause aufbewahren, denn sie fangen irgendwann schrecklich an zu stinken. (Ich spreche aus eigener Erfahrung: Eine halbe Stunde lang bin ich schnüffelnd in der Wohnung herumgerannt, um herauszufinden, was hier stinkt. Bis ich mit meiner Nase in der Flummikiste auf dem Hochbett meines Sohnes ankam. Igitt!)

Tiere hautnah

Sollten Ihnen Frösche, Eidechsen, Spinnen oder Fische über den Weg laufen, her damit! Beobachten, auf die Hand nehmen, fühlen!

Sinn für Bäume

Die Sinne schärfen, das geht im Wald besonders gut. Alle stellen sich an einen Baum und betasten ihn mit den Händen: Wie fühlt sich der Baum an – warm, kalt, hart, weich? Wie riecht er? Hört man etwas, wenn man sein Ohr daran legt? Es heißt ja auch, ein Baum hat einen Herzschlag.

Binden Sie einem Kind ein Tuch über die Augen und führen Sie es zu einem Baum, der etwas weiter weg steht. Das Kind darf nun fühlen, riechen, den ganzen Baum untersuchen. Wie dick ist er? Komm ich mit meinen Armen herum? Dann führt man das Kind wieder zurück, nimmt ihm die Augenbinde ab und nun muss es ›seinen Baum‹ wiederfinden.

An einer bestimmten Stelle im Wald könnte sich auch jedes Kind einen Baum aussuchen. Einen Baum, für den es die Verantwortung übernimmt. Eine Art Patenschaft. Die Kinder werden auch später immer wieder gern in diesen Wald zurückkommen, um ›ihren‹ Baum zu besuchen, die Jahreszeiten zu beobachten oder sonstige Veränderungen zu bemerken.

Innere Stille

Setzen Sie sich mit den Kindern auf einen umgestürzten Baum. Schließen Sie die Augen, lauschen und riechen Sie! Halten es die Kinder zehn Minuten aus, stumm wie die Fische zu sein? Wenn die Kinder die Augen geschlossen haben, können Sie sie kurz auf die Dinge aufmerksam machen, die sie hören oder spüren könnten. Eine kleine Meditation:

SPIELE

»Schließt eure Augen! Atmet einmal tief durch! Bis Ruhe in euerm Innern eingekehrt ist. Hört in euren Körper hinein! Könnt ihr euren Atem wahrnehmen? Vielleicht hört ihr euer eigenes Herz schlagen. Spürt ihr den Wind auf der Haut? Und jetzt lenkt eure ganze Aufmerksamkeit auf den Wald. Hört ihr es irgendwo rascheln? Singt irgendwo ein Vogel? Hört dem Wald aufmerksam zu! Hört der Stille zu!«

Es ist auch schön, einen Teil des Weges zurückzulegen, ohne zu sprechen, z. B. von einem Symbol bis zum nächsten. Mal stumm zu sein ist eine tolle Erfahrung und macht Augen und Ohren wieder aufmerksamer.

Wald-Detektive

Ein Wald erzählt viele Geschichten. Im Rucksack befinden sich Lupen, mit denen wir wie die Detektive den Geschichten auf den Grund gehen.

»Was sind das für Spuren am Baum? Vom Specht? Wer hat in diesen Pilz gebissen? Die Raupe, die darauf sitzt? Was bewegt sich alles unter einem Stein? Was wuselt in einer Hand voll Erde? Sehe ich doof aus, wenn ich mir die Lupe ans Gesicht halte?« *(Kein Kommentar!)*

Motivsuche

Wir bereiteten schon zu Hause kleine Rahmen aus schwarzer Pappe vor. Es ist erstaunlich, was man alles sieht, wenn man versucht, nur den Ausschnitt des Papprähmchens wahrzunehmen. Es ist wie Fotografieren. Das verkleinerte Gesichtsfeld schärft den Blick für das Besondere.

Mit verbundenen Augen

Wir spannen eine Schnur von einem Baum zum nächsten und weiter zum nächsten Ast und immer weiter. Dann binden wir den Kindern die Augen zu. Sie sollen sich an der Schnur entlangtasten. Kommt ein Hindernis, über das sie steigen müssen, kann man an dieser Stelle einen Knoten in die Schnur machen oder einen Stofffetzen als Warnung daran binden.

SPIELE

Eine Variante dieses Spiels ist das Partnervertrauensspiel: Immer ein Kind führt ein anderes, dessen Augen verbunden sind. Das Führerkind muss das blinde rechtzeitig darauf aufmerksam machen, wenn man über etwas steigen muss oder ein Ast im Weg ist, unter dem man hindurchkrabbeln muss.

Schnitzen

Bei einem Waldauslug mit größeren Kindern könnte auf der Einladung stehen: »Bitte Schnitzmesser mitbringen!« In dem Fall sollte allerdings auch der Verbandskasten im Rucksack nicht fehlen. Denn meistens passiert nur dann etwas, wenn man keine Pflaster dabeihat.

Man kann sich kleine Messer aus Ästen schnitzen oder einen Spazierstock mit Einkerbungen verzieren.

Oder kennen Sie das Weidenpfeiferl? Das ist für mich eine ganz besondere Kindheitserinnerung. Das Problem dabei ist, dass sich die Weiden nur zu einer ganz bestimmten Zeit im Frühjahr eignen. Nur dann lassen sie sich die Rinde abziehen. Mein Onkel hat hierzu immer einen Spruch gesagt, der ging so:

»Weidenrinden, lass di schinden, lass dia d'Haut üban Kopf obi ziang!« (Das ist übrigens Bayerisch und soll heißen: »Weidenrinde, lass dich schinden, lass dir die Haut über deinen Kopf hinunterziehen!«)

Dabei klopft man mit der Rückseite des Taschenmessers auf das Pfeiferl, wodurch sich langsam – sehr langsam! – die Rinde ablöst und wirklich abziehen lässt.

Vielleicht kennen Sie ja auch einen Waldläufer, der Ihnen die Kunst des Weidenpfeiferlschnitzens beibringt?

Den Wald malen

Papier und Bleistift gehören auf jeden Fall in den Rucksack. Kennen Sie die Situation »Mama, mal mir mal einen Baum!«? Und Sie sitzen da und wissen eigentlich gar nicht richtig, wie ein Baum aussieht. Hier kommt die Gelegenheit: Malen Sie mit den Kindern einen Baum ab! Hinschauen, merken, malen, vergleichen, den anderen zeigen! Wer hat was hervorgehoben? Jeder hat einen anderen Blickwinkel auf den Baum. Oder zeichnen Sie nur Details ab: ein Stück Rinde, ein Blatt.

Blätter kann man auch sehr schön durchpausen. Ein weißes Papier auf ein Baumblatt legen und mit Buntstiften darüber schraffieren!

Guinessbuch der Rekorde

Heute schreiben wir ein neues Kapitel. Welcher Baum ist der größte auf unserem Waldfest? Welcher der dickste? Maßband im Rucksack dabei? Los geht's! Wie viele Tiere sehen wir, wie viele verschiedene Blätter? Wir notieren alles in einem kleinen Heft.

Schön ist es auch, gleich ein kleines Erinnerungsalbum für das Geburtstagskind dabeizuhaben, in das man alle gefundenen Pflanzen presst, gemalte Bilder klebt und alle Abenteuer des Tages schreibt.

SPIELE

Dichtung im Dickicht

Wenn man so im Wald sitzt, kommen einem oft ganz tolle Gedanken. Wie wäre es, wenn alle Kinder zusammen ein Waldgedicht erfinden? Einer fängt an mit einer Zeile, der nächste dichtet weiter. Oder eine Geschichte erfinden, die von einem Naturgeist handelt.

Oder nehmen Sie einfach ein schönes Bilderbuch mit. Es wäre perfekt, wenn dieses irgendetwas mit dem Wald zu tun hätte. Es ist etwas ganz Besonderes, mit einem Grüppchen Kinder im Wald zu sitzen, an irgendeiner schönen Stelle, und ein Buch vorzulesen.

Unsere Waldgeschichte hieß:

Von Elfen und Zwölfen

»Die Zwölfen, das sind zwölf winzig kleine Elfen, die für die Geräusche in der Natur zuständig sind. Die kleinste der Zwölfen heißt Ziepliep und ist in großer Gefahr. Die Zwölfe der Stille weiß, warum …«

Auf dem Boden liegen

Obwohl diese Waldfeier nicht vom Wetter abhängig ist, würde ich hiervon abraten, wenn es regnerisch und matschig ist. Ansonsten ist es wirklich eine Erfahrung wert, sich im Wald auf den Rücken zu legen und in die Bäume zu schauen. Ich weiß, das ist keine große Aktion und auch kein Spiel. Dafür ist es ein Erlebnis.

Steine

Am Ende unseres Weges kamen wir an einen Fluss. Die Steine aus dem Flussbett und die vielen Äste brachten uns noch auf viele weitere Spielideen:

- Wir bauten eine Sonnenuhr und verglichen sie mit unserer Armbanduhr.
- Wir schichteten flache Steine übereinander.
- Wir bauten ein kleines Floß. (Man sollte immer Schnüre dabeihaben!)
- Wir legten ein Mosaik.
- Wir beerdigten einen toten Fisch.
- Wir bauten uns aus Treibgut und anderen Ästen ein Haus.

Krönender Abschluss war ein kleines Lagerfeuer. Erkundigen Sie sich vorher, ob man das darf. An vielen Flüssen ist es verboten.

Der Rückweg

Rotbackig und glücklich ging es wieder zurück zu den Autos. Wir ließen die Kinder den Rückweg selbst finden. Es war nicht so schwer, da ja überall noch die Pfeile lagen. Trotzdem war es schön, denn man kam noch einmal an allem vorbei, was man auf dem Hinweg entdeckt hatte: »Hier war doch der Frosch! Ist er noch da? ... Unsere Picknickstelle! Mein Baum ... Hier lagen wir doch im Gras ... Da ist der umgestürzte Baum ... Hier die Späne vom Schnitzen ...«
Auch sehr zu empfehlen ist ein Rückweg im Dunkeln. Mit Taschenlampen, versteht sich.

ORGANISATION

FÜR WEN EIGNET SICH DAS FEST

Dieses Fest ist für jede Altersgruppe geeignet. Man muss sich die Spiele nur dementsprechend herauspicken. Für kleinere Kinder kann man den Zauber der Waldgeister hervorheben, für größere mehr die Abenteuertour, Lagerfeuer und das Schnitzen.

EINLADUNGEN

Unsere Einladung war ein Baum aus grünem Tonpapier. Auch nett wäre ein Naturprodukt aus dem Wald, worauf man die Informationen zum Fest schreibt. Ein flacher Stein oder ein Stück Rinde z. B.

KLEIDUNG

Weisen Sie die Kinder schon in der Einladung darauf hin – wie steht es immer so schön auf den Ausflugsinfozetteln aus der Schule: »Bitte denken Sie an wetterfeste Kleidung und geeignetes Schuhwerk!«

ESSEN

Ein Picknick im Wald. Decke nicht vergessen! Getränke, Äpfel, Karotten, belegte Brote. (Ich bin immer wieder erstaunt, wie wahnsinnig gut ein belegtes Brot nach einer Stunde im Wald schmeckt. So als würden sich die Geschmacksnerven durch die frische Waldluft neutralisieren.) Oder nehmen Sie doch einfach einen Laib Brot und ein Messer mit. So ein schief abgeschnittenes Stück frisches Brot ist der Hammer.

Wald-Deko

Haben Sie eine schöne Stelle für das Waldpicknick gefunden? Wie wäre es, wenn die Kinder die Stelle festlich schmücken: mit Efeu, Blättern, Blumen usw.?

was ich sonst noch zu diesem Fest zu sagen habe

Natur pur. Dies ist ein Fest der ganz anderen Art. Und ich hoffe sehr, ich habe Sie und Ihre Kinder neugierig gemacht, den Wald mal mit Freunden und allen Sinnen auf viele unterschiedliche Arten zu erleben.

Das Ritterfest

Ob groß, ob klein ...

Dieses Fest habe ich schon mehrmals veranstaltet:

★ als kleines Festchen bei uns zu Hause, als mein Sohn seinen fünften Geburtstag feierte

★ als größeres Fest in unserer Wohngegend – Sommerstraßenfest für ca. 200 Kinder

★ als ganz großes Fest in der Grundschule meiner Kinder

Man kann sich also mal wieder das herauspicken, was man braucht.

Als Schulfest eignete es sich besonders gut, denn Eltern und Lehrer arbeiteten zusammen im Ritterfestkomitee. Dieses kümmerte sich um die große Organisation und hielt alle Fäden in der Hand. Jede Klasse übernahm einen Bereich (Burg, Essen, Spiele, Stände, Spektakel etc.). Die Lehrer konnten so aus ihren Aufgaben kleine Projekte machen.

Mit diesem Fest entführen Sie Ihre Gäste ins Mittelalter

Stände

WAFFENSCHMIEDE: Wir hatten Schwerter und Schilde aus Pappe vorbereitet. So mussten die Kinder nur noch die Endarbeiten erledigen oder konnten beides anmalen oder bekleben.

BÄNDER FLECHTEN: Dazu braucht man lange Stoffstreifen – jeder Stoff ist geeignet, auch wenn er noch so bunt ist. Drei Streifen werden verknotet und geflochten. Zur Verzierung dieses Kopfschmucks eignen sich Perlen oder Knöpfe, die man annähen kann.

TÖPFERWERKSTATT: Aus Ton oder Salzteig lässt sich alles Mögliche kneten. Es stellen sich nur die Fragen: Wo lagern und wann und wie brennen?

GELDBEUTEL NÄHEN: Aus braunem oder naturfarbenem Stoff wird ein kreisrundes Stück zugeschnitten. Durch Löcher am Rand fädelt man eine Schnur. Wenn man sie zusammenzieht, hat man ein kleines Säckchen, das man sich an den Gürtel binden kann, um Gold- und Silbermünzen darin zu sammeln.

INSTRUMENTENBAUER: Trommeln, Weidenpfeiferl etc. basteln.

KORBFLECHTER: Hören Sie sich um, haben Sie an der Schule, in der Wohngegend jemanden, der sich damit auskennt?

BÄCKER: Selber Brot backen.

Spiele

NUSSSPIEL: Dieses Spiel besteht aus einem langen Rohr, einem Brett, einem Hammer und Walnüssen. Die Nuss wird oben ins erhöhte Rohr geschoben, sie kugelt durch dieses hindurch, und wenn sie unten rauskommt, versucht man, sie mit dem Hammer zu zerschlagen.
RITTERWURF: Wurfbude, an der man mit silbernen Kugeln (mit Alufolie umwickelte Bälle) auf vier Ritterköpfe aus Holz zielt. Diese sind mit Scharnieren auf einem Balken befestigt.
SANDSACKKEGELN: Neun mit Sand gefüllte Flaschen und ein Sandsack, der von oben herunterhängt. Man gibt dem Sandsack einen Schwung und versucht, die Kegel umzustoßen. Der Sandsack muss an einem Spalier oder einem Baum aufgehängt werden.
RINGELSTECHEN: Dabei reitet der Ritter eine Bahn entlang und versucht mit einer Lanze (bemaltes Papprohr), Ringe aufzuspießen. Die Ringe sind entweder an einem ›Galgen‹ befestigt oder werden von einem Knappen auf einem Stuhl in die Höhe gehalten.
Das Pferd ist eigentlich eine Tonne mit Sattel und Pferdekopf samt Zaumzeug, die auf einem Leiterwagen befestigt ist. Mit Hilfe eines Knappen, der alles zieht, kann man darauf reiten. Der Tilt – so nennt man die Schranke, an der die Ritter beim Turnier entlangreiten – besteht aus in Sonnenschirmständern steckenden Pfeilern, die mit einem bunten Band oder Fähnchen-Girlanden verbunden sind, und dient bei uns als Begrenzung der Bahn.
WILHELM TELL: Wir sägten aus Holz einen Knaben mit dem Apfel auf dem Kopf aus, trennten den Knaben vom Apfel und befestigten beides wieder mit einem Scharnier aneinander. Mit einer Armbrust (gibt es in vielen Spielwarengeschäften) kann dem Knaben der Apfel vom Kopf geschossen werden.

Taler, Taler, du musst wandern ...

Man könnte eine mittelalterliche Währung einführen: Gold und Silberlinge – kleine Steine mit Gold- und Silberspray angesprüht. Oder man nennt den Euro einfach Taler oder Silberling. Bei unserem Fest in der Wohngegend bekamen die Kinder für jedes Spiel einen Silberling und konnten fünf Silberlinge gegen einen Eisgutschein eintauschen.

Aktionen

JONGLAGE: Vielleicht gibt es unter den Eltern jemanden, der als Gaukler verkleidet seine Jonglierkunststücke zeigen und den Kindern erklären möchte.
HÜPFBURG: Eine Ecke mit Heuballen, in denen die Kinder rumtollen können.
REITEN: Neben dem Heu könnten ›Pferde‹ stehen – aus Holz oder Pappe, aus Tonnen oder Böcken.
SACKHÜPFEN: Das kennt doch jeder, deshalb passt es auch gut in die Ritterzeit.
BIERFITZELSCHLACHT: Dazu benötigt man ein langes Seil, das eine Linie zwischen zwei Mannschaften bildet. Die Mannschaften können groß sein, 15 Kinder pro Seite! Was man nun noch braucht, sind zwei Kartons von diesen Pappuntersetzern, die es in Restaurants gibt – ich kenne sie als Bierfitzel. In Brauereien bekommt man sie kartonweise. Jetzt werden mit Startpfiff auf jede Seite des Seils zwei gleich große Stapel Bierfitzel geworfen. Es geht nun darum, möglichst viele Fitzeln von meiner Seite auf die andere zu schmeißen. Da die andere Seite aber das Gleiche macht, kommen bei mir immer wieder neue Bierfitzeln an. Nach einigen Minuten wird abgepfiffen, dann darf kein Fitzel mehr fliegen. Nun wird gezählt und die Seite, die weniger hat, hat gewonnen.

Darbietungen

FAHNENSCHWINGER: Die Fahnen werden aus Seidenstoffen selbst gemacht und mit Stofffarbe bemalt – eine schöne Aktion für die Kinder im Vorfeld. Der Stoff sollte im Wind schwingen. Unsere Kinder übten eine richtige Fahnenschwing-Choreografie ein und warfen sich die Fahnen in hohem Bogen zu. Der Stock darf dafür nicht zu leicht sein, sonst fliegt er nicht so gut. Man kann den Griff ein wenig mit Klebeband und Holz verstärken. Mit Musik wirkt das alles noch mal ganz anders.

GAUKLER: Menschenpyramiden, Einradfahren, Radschlag, Seilspringen, Jonglieren etc.
TANZ: Unter www.munichen.de/tipps/tanz/ werden mittelalterliche Tänze beschrieben und man kann sich sogar die passende Musik runterladen.

Ritterspektakel

Ritterturnier auf Burg Drachenstein
Ein Ritterspiel von Sabine Bohlmann

Mitwirkende
- Anlageberater (Tonmeister, der die Musik macht)
- zwei Fanfarenspieler
- zwei Trommler
- ein Minnesänger und eine Minnesängerin (kommentieren alles)
- Schilderin (hält die Publikumsanweisungen hoch)
- Kokosnuss-Spieler (begleitet das Pferd akustisch)
- Schlüsselkind (trägt das Kissen mit dem Schlüssel)
- König von Drachenstein
- Königin von Drachenstein
- Prinzessin
- zwei Hosenträgerpferde (begleiten das königliche Gefolge)
- sechs wichtige Ritter
- Knappe Willi (zieht Rosinante, das Leiterwagen-Pferd)
- mindestens fünf Drachenspieler
- Fahnenschwinger
- Gaukler
- Musikanten
- Moriskentänzer

RÜSTUNGEN UND SONSTIGE EIGENHEITEN

Ritter Schrotti zu Müllhalden: Sein Kostüm sollte aus Müll bestehen, ebenso sein Helm. Seine Rüstung könnte aus einem Karton ›geschmiedet‹ werden, auf den man Plastiktüten, Käseschachteln, Joghurtbecher, Saftkartons etc. klebt.

Ritter Sport von Turn und Taxis: Er sollte sehr sportlich wirken: Turnschuhe, Jogginghose, Schweißband. Den Helm kann man aus einem alten Ball basteln oder man nimmt gleich einen Sporthelm (Fecht-, Fahrradhelm) oder eine Tenniskappe. Als Schwert könnte er einen Golf- oder Tennisschläger haben. Wenn er vorgestellt wird, zeigt er seine Muskeln, macht Aufwärmübungen und vollführt ständig Kniebeugen.

Jedi Ritter: Brauner Umhang, Laserschwert. Er ist sehr edel. Der Umhang könnte eine Kapuze haben, die die meiste Zeit sein Gesicht verdeckt.

Harley zu Davidson: Lederjacke, Motorradhelm. Er ist immer nur cool.

Rotkreuz-Ritter: Weißes Outfit mit rotem Kreuz. Auch auf seinem Helm befindet sich ein rotes Kreuz. Er könnte eine Arzttasche dabeihaben.

Schwarzer Ritter ohne Namen: Er ist ganz in Schwarz gekleidet. Auch sein Helm sollte schwarz sein. Wenn sein Gesicht unter dem Helm versteckt ist, könnte man für diese Rolle auch ein Mädchen nehmen, denn vielen Jungs ist es peinlich, einen ›Verlobungstanz‹ mit der Prinzessin zu tanzen. Da braucht man schon jede Menge Selbstbewusstsein. (Einmal hatten wir ein Mädchen, dem es peinlich war, mit einem Jungen zu tanzen. Dem Jungen machte es in diesem Fall nichts aus. Ich löste das Problem, indem ich der Prinzessin einen Schleier vors Gesicht band. Dadurch fühlte sie sich nicht so beobachtet und ihre Klassenkameraden erkannten sie nicht.)

Hosenträgerpferde

Hosenträgerpferde macht man aus einem Karton, der oben offen ist. Die Hosenträger sind so befestigt, dass der Reiter durch die Kiste schlüpfen und ›reiten‹ kann. Vorne muss natürlich noch ein Pappmachépferdekopf dran. Zwei Hosenträgerpferde (es könnten auch Steckenpferde sein) begleiten den König und sein Gefolge und sind gut geeignet für Kinder, die gern mitmachen möchten, sich aber keine größere Rolle zutrauen. Dabei sein ist alles!

Einzug

Wir ziehen mit Klanginstrumenten durch den Pausenhof oder das Wohngebiet und laden unter Jubelrufen die Leute zum Spektakel ein. Dabei ist der ›Ju-BELLL‹ immer auf der zweiten Silbe betont. Fanfarenklänge und Trommelwirbel künden den Beginn des Spektakels an

Das Ritterspektakel auf Burg Drachenstein

Zwei Minnesänger ›moderieren‹ das Spektakel. Darin geht es um die Hand der Prinzessin (der Schlüssel zu deren Herzen wird am Ende dem Sieger durch das Schlüsselkind überreicht). Die Ritter treten zum Turnier an. Das Turnier ist in unterschiedliche Wettkämpfe eingeteilt: das **Ringelstechen** (s. S. 95), das **Schweinsbauchstechen** (dies ist ein mit Wasser gefüllter Luftballon, der ebenfalls am ›Galgen‹ hängt und mit einer Lanze, an deren Spitze sich ein Nagel befindet, zum Platzen gebracht werden muss – und dies in vollem Galopp!), der **Eiserne Heinrich** (s. Kasten S. 100), **Stoß den Ritter vom Sockel** (zwei Ritter stehen sich auf Heuballen gegenüber. Jeder hält einen Besenstiel in der Hand, dessen Bürste mit einem Kissen umwickelt ist. Nun versuchen sich die Ritter gegenseitig buchstäblich vom Hocker zu hauen), der **Drachenkampf** (ein Drachenkopf aus Pappmaché, mit einem langen grünen Stoffbahnenkörper, unter den viele Kinder passen).

In der Geschichte, die hier erzählt werden soll, scheidet bei jedem Spiel ein Ritter aus. Nicht weil er schlecht war, sondern weil ein Missgeschick passiert. Der eine fällt vom Pferd und verletzt sich den linken Daumen (»Aua, hat jemand mal ein Pflaster?«), der nächste legt sich mit dem Knappen

Turnierklänge

Die Musik ist bei diesem Spektakel sehr wichtig. Die kleinen Ritter sehen gleich viel glaubwürdiger aus, wenn sie mit Fanfaren einreiten. Es gibt viele CDs mit mittelalterlicher Musik. Aber auch auf vielen Filmsoundtracks findet sich Brauchbares, z. B. bei »Star Wars«. Für die Kampfszene der zwei Ritter, die sich vom Sockel hauen sollen, habe ich einen James-Bond-Titel genommen: Beim ersten Mal lief die Musik normal ab, dann – für die Zeitlupe – habe ich sie langsamer abspielen lassen. (Das hat mir ein Freund über seinen Computer aufgenommen, denn man kann ja CDs nicht mehr wie früher eine LP langsamer oder schneller abspielen.)

Eiserner Heinrich

Der Eiserne Heinrich ist ein ganz besonderer Ritter: Ein Pappkarton bildet seinen Körper, sein Kopf besteht aus einem umgedrehten Eimer, seine Beine sind ein Sonnenschirmständer, dessen Stab durch den Rumpf des Ritters geht, damit dieser sich drehen kann. Ein Arm ist aus einem Holzschild gemacht, den die heranreitenden Ritter treffen müssen, der andere Arm ist ein kurzer Stab mit einem nassen Schwamm. Trifft der Kämpfer den Schild, dreht sich der Eiserne Heinrich und der Ritter muss sich ducken, denn sonst wird er automatisch vom nassen Schwamm getroffen.

an, der das Pferd ziehen soll, da dieser manchmal nicht ganz bei der Sache ist, weil zum Beispiel sein Handy klingelt und seine Mami anruft oder er im Publikum eine schöne Maid sieht oder er eine Fliege verscheuchen muss. Dadurch sieht es so aus, als würde das Pferd dreimal hintereinander ›verweigern‹ und die alte Ritterregel besagt, dass man unter diesen Umständen vom Turnier disqualifiziert wird. Und als sich schließlich noch zwei der Ritter vom Sockel hauen sollen, spielt der eine nicht ganz fair: »Guck mal, da oben, ein Flugzeug!« Als der andere Ritter abgelenkt ist, stößt er ihn vom Sockel, ein schneller Kampf beginnt. Die Minnesänger gebieten jedoch Einhalt und verlangen, denselben Kampf noch einmal in Zeitlupe zu sehen (so ein Kampf muss vorher richtig choreografiert und einstudiert werden).

Bleibt zum Schluss nur noch der schwarze Ritter ohne Namen übrig, der schließlich gegen den Drachen kämpft (erst umkreisen die beiden – Ritter und Drache – sich bedrohlich, plötzlich läuft der schwarze Ritter mit einem Kampfschrei auf den Drachen zu, diesem zittern jedoch alle Beine und der Ritter hält ein, schreit »Sitz!« und der Drache gehorcht).

Jetzt können die Feierlichkeiten beginnen, die Tanzgruppen, Gaukler und Fahnenschwinger treten auf. Und der schwarze Ritter ohne Namen erhält den Schlüssel zum Herzen der Prinzessin und beide tanzen den Hochzeitstanz.

EINLADUNGEN

Bei einem größeren Fest ist ein auf Büttenpapier gestaltetes Plakat am wirkungsvollsten. Wichtig ist, dass man den Text in mittelalterlicher Sprache schreibt: »Höret nun, edle Ritter und Burgfräulein, was wiro verkünden …«

TISCHKÄRTCHEN

Auf dem Geburtstagstisch stehen kleine Fähnchen mit den ritterlichen Namen der Gäste: Gräfin Anna, Freifrau von Meiersfelden etc.

DEKO

Die Ritterburg besteht aus Pappen und Kartons. Einige Pappkartonritter, die das Gelände bewachen, geben eine passende Dekoration ab. Pappen bekommt man manchmal bei großen Pappherstellern, da liegt oft viel rum, was nicht mehr gebraucht wird.

KOSTÜME

Es wäre schön, wenn viele, viele dem Motto durch Kostüme einen Rahmen geben würden. So könnte man die Kinder bitten, sich wie Knappen o. Ä. zu kleiden: Leggings oder abgeschnittene Strumpfhosen, darüber ein langes Hemd oder einen Leinenüberwurf, der über den Po geht. Aus einer Schnur wird ein Gürtel, an dem ein Ledersäckchen hängt. Auch die ›Veranstalter‹ könnten sich ritterlich gewanden oder in Burgfräulein verwandeln.
Gaukler: Alle Gaukler sind barfuß und tragen geflochtene Ritterstirnbänder. Unten ums Bein haben sie bunte Bänder mit Glöckchen.
Fahnenschwinger: Wie Gaukler, zusätzlich noch bunte Umhänge.

Die Minnesänger sollten sich eine mittelalterliche Sprache aneignen: z. B. könnte Applaus als Händegeklapper bezeichnet werden, das Publikum als Volk und Worte wie »Hört zu«, »Stopp« und »Danke« als »So höret«, »Haltet ein« und »Habt dank«! Durch die ›Schilderin‹ wird das Publikum dazu ermutigt, sich am Geschehen lautstark zu beteiligen, denn auf den hochgehaltenen Schildern stehen Kommentare wie: Jubel, Ohhh, Ahhh, Geraune und Gemurmel etc.

ORGANISATION

ESSEN

- ★ Hühnerbeinchen (Spanferkel am Spieß wäre natürlich toll, aber ob das jemand macht?)
- ★ Schupfnudeln mit Sauerkraut
- ★ Stockbrot: Hefeteig an Stöcken übers Feuer gehalten (sicherer ist eine Feuerschale)
- ★ Butterbrot oder Schmalzbrot
- ★ Äpfel, Birnen
- ★ Getränke: Wasser, Sirup

Candle-Light-Dinner

Friseurbedarf

Kaufen Sie Haarnadeln, Haarspangen, Gummis und Klammern extra für das Fest! So können die Mädchen zumindest ihre ›Frisur mitnehmen‹ und noch als halbe Damen nach Hause gehen.

Kleines Fest mit großer Wirkung. Ein absoluter Mädchengeburtstag. Ein Zimmer wird zur ›Garderobe‹ umfunktioniert. Hier hängt all das, was Mädchenherzen höher schlagen lässt: Mamas Abendroben, Glitzerteile, Stöckelschuhe, Handtäschchen, Federboas (die waren allerdings aus unserem Kostümfundus), elegante Handschuhe, Hüte, Seidenschals und Tücher. Zwei große Spiegel erleichtern den jungen Damen die Auswahl und schon geht es los: Verkleiden, was das Zeug hergibt!

Bereits kurze Zeit später stöckeln sechs kleine Mädchen – auf einmal um Jahre gealtert – ins Bad, um dem Ganzen noch den letzten Schliff zu geben. Da liegt auch schon alles bereit. Und es wird geschminkt – allein oder gegenseitig, Locken werden gewickelt, Haare gesteckt.

Zum perfekten Dinner-Outfit gehört natürlich auch der richtige Duft.

Parfum selbst gemacht

Man könnte vor dem Fest gemeinsam Parfum selbst herstellen. Das ist gar nicht so schwer. Es gibt ganze Kästen mit Anleitungen, Rezepten und Flüssigkeiten zu kaufen.
Es sollte jedoch immer ein Erwachsener dabei sein. Parfum ist nichts anderes als reiner Alkohol, vermischt mit ein paar Tropfen ätherischer Öle.
Dabei besteht ein guter Duft immer aus einer Kopfnote, einer Herznote und einer Basisnote. Kopfnoten sind meist frisch und rasch flüchtig, wie z. B. Zitrone, Bergamotte, Pfefferminze, Rosmarin. Als Herznote kommen Düfte in Frage, die länger halten, wie z. B. Rose, Lavendel, Jasmin. Als Basisnote nimmt

man lang anhaltende Düfte wie Zimt, Vanille, Sandelholz, Zeder oder Patschuli.
Das Geheimnis liegt natürlich im Mischungsverhältnis. Da muss man lange rumprobieren *(nein nicht Rum probieren)*. Aber das ist ja das Spannende! Irgendwann riecht man gar nichts mehr vor lauter Gerüchen. Vielleicht können Sie vorher kleine Fläschchen sammeln (oder in der Apotheke kaufen), dann kann jedes Kind seine eigene Duftkreation mit nach Hause nehmen.

Ich denke, ich hör nicht recht, denn plötzlich ändert sich sogar der Ton: »Würdest du bitte mal so freundlich sein und mir den Lippenstift rüberreichen?« »Natürlich gern, Teuerste!« »Oh, vielen Dank, meine Liebe!« Und darum steige ich auch gleich mit ein: »Wären die Damen dann wohl so freundlich, mir ins Speisezimmer zu folgen? Es ist angerichtet.«
Die Damen lassen sich nicht lange bitten und stöckeln gekonnt zur festlichen Tafel. Alles ist ganz stilvoll in Weiß gedeckt, jeder findet auf seinem Teller eine edle Menükarte, eine vornehm gefaltete weiße Serviette und ein kleines Satinsäckchen mit einem ›Edelstein‹. (Man kann statt eines bunten Steins auch eine Kette oder eine andere Überraschung in das Säckchen geben.) Und überall Kerzen, Kerzen und nochmals Kerzen.

Feuerwarnung

Im Laufe des Abends loderten mehrere kleine Feuer auf – obwohl Lagerfeuer eigentlich erst beim Cowboyfest auf dem Programm stand. Zweimal wurde versehentlich eine Serviette in eine Kerze gelegt und einmal ein Strohhalm. Da wurde mir wieder bewusst: Es sind – auch wenn sie im Moment nicht so aussehen – doch noch Kinder! Deshalb empfehle ich, die Mädchen nicht mit den Kerzen allein zu lassen und ein nasses Tuch in der Nähe bereitzuhalten.

Trotz kleinerer Zwischenfälle konnte das Abendessen schließlich beginnen und es stand ein leckeres Drei-Gänge-Menü auf dem Programm:

Als Erstes der Aperitif:
Wir nennen ihn **Früchtetraum**.
Er besteht aus drei Säften: Banane, Kirsch, Kiwi. (Sie können auch andere verschiedenfarbige Säfte nehmen.) Gießen Sie zuerst den Bananensaft in ein Glas, in dem sich schon etwas

Eis befindet, dann die anderen Säfte, der Reihe nach über einen Löffel gegossen. Dann bleiben die Farben getrennt und der Drink sieht ›endcool‹ aus (Ausdruck eines kleinen Gastes). Garnieren Sie das Glas mit einem kleinen Obstspieß und einem Strohhalm.

Vorspeise:

Kleine Sternpizzas aus Blätterteig

Stechen oder schneiden Sie aus dem ausgerollten Blätterteig Sterne (oder Herzen, Blumen etc.) aus. Legen Sie diese auf ein eingefettetes Backblech. Bestreichen Sie den Teig mit Eigelb. Auf jeden Stern legt man jetzt eine ebenfalls in Sternform geschnittene Salamischeibe. Nach Belieben mit Käse bestreuen. Dazu gibt es eine kleine Salatgarnitur (die tatsächlich von allen aufgegessen wurde!).

Hauptspeise:

Fischstäbchen mit Gemüsespießen und Kartoffelgesichtern auf Ketchup-Mayonnaise-Spiegel

Mit Spiegel meinen wir hier übrigens nicht einen Spiegel, in dem man sich sehen kann. Es bezeichnet nur die Art und Weise, die Sauce anzurichten. Dazu den größeren Ketchupfleck und den kleineren Mayofleck mit einem Stäbchen in Form bringen (siehe Foto).

Für den Spieß Brokkoliröschen im Wechsel mit Karotten aufreihen und im Wasserdampf ca. 10 Min. garen. Alles andere stammte aus der Tiefkühltruhe – ich gestehe –, aber es war trotzdem sehr lecker!

Nachspeise:
Schokokuss an Schoko-Vanille-Sauce auf herzförmigem Pfannkuchen
Ich habe eine große Herzplätzchenform einfach in die Pfanne gelegt und da rein den Pfannkuchenteig gegossen. Man kann aber auch normale Pfannkuchen backen und mit einem Messer Herzformen ausschneiden.

Selbstverständlich reichen wir auch **Getränke:**
Rotwein – roter Saft
Weißwein –Eistee mit Pfirsich
Prosecco – Limettenlimo
(Es gab auch Karottensaft, aber den wollte niemand bestellen.)

Die Mädchen sitzen eineinhalb Stunden am Tisch, lassen sich von Ober Jakob bedienen und benehmen sich höchst vornehm. Sie genießen jeden Bissen und treiben dabei Konversation. Es macht einfach Spaß, ihnen zuzusehen und zuzuhören! Der Koch – mit dem Künstlernamen ›Daddy‹ – steht schwitzend in der Küche und zaubert die Kreationen.
Nach dem Essen gibt es noch ein **klassisches Konzert.** Einer ist der Dirigent. Gibt es eigentlich auch Dirigentinnen? Vielleicht heißen die ja dann Dirigenteusen oder ...ösen. Ich habe noch keine gesehen. Woran liegt das? Gibt es sie wirklich nicht oder gehe ich zu wenig in Konzerte? Jedenfalls hatten wir eine Dirigentöse, wir legten eine Klassik-CD auf und die Dirigentöse *(ich muss dieses Wort einfach auskosten)* dirigierte *(was auch sonst?)* die Musikerinnen. Diese spielten auf Bratpfannen und Tennisschlägern – mit Scheibenwischern als Bögen – Geige und Cello. Eine Gießkanne war das Horn.

Menüauswahl

Natürlich können Sie kochen, was Sie wollen. Verwandeln Sie aber auf Ihrer Speisekarte die Gerichte in gut klingende Köstlichkeiten. Da werden dann z. B. Pommes frites zu »ausgebackenen Streifenkartöffelchen an rot-weißer Gourmetsauce«.

Man kann auch ein Luftkonzert veranstalten oder ein richtiges Konzert: Die Kinder, die ein Instrument beherrschen und spielen möchten, dürfen auftreten.

Oder man veranstaltet ein kleines **Popkonzert.** Eine CD einer beliebten Sängerin auflegen, Mikrofon – oder etwas, das so ähnlich aussieht – in die Hand und Playback ›mitsingen‹ (also nur so tun als ob). Oder wie wäre es mit einer **Modenschau?**

Bei uns fand plötzlich eine spontane **Disco** statt. Jakob, eben noch eleganter Ober, sattelte um und wurde DJ. Und die feinen Damen pusteten die Kerzen aus und verwandelten sich in wilde Tänzerinnen.

Ich fand es ein wunderschönes Fest und die Mädchen gingen mit leuchtenden Augen und hier und da noch ein wenig Schminke im Gesicht nach Hause.

ORGANISATION

FÜR WEN EIGNET SICH DAS FEST

Dieses Fest ist ein Zuckerl für größere Mädchen zwischen acht und elf Jahren.

EINLADUNGEN

Schneiden Sie doch zusammen mit Ihren Kindern alles, was mit Candle-Light-Dinner zu tun hat, aus einer Zeitschrift aus: Kerzen, Leuchter, vornehmes Essen, Stöckelschuhe etc. Und kleben es auf eine Karte. Um diese nicht zehnmal basteln zu müssen, kann man die Karte in den Computer einscannen und mehrmals ausdrucken oder einfach farbkopieren.

TISCHKÄRTCHEN

Um es ganz vornehm zu machen, könnte man jeweils die Initialen auf die Serviette schreiben.

Die Pyjamaparty

Eine Pyjamaparty kennt man – wenn überhaupt – aus amerikanischen Mädchenfilmen. Da sitzen die Mädchen kichernd und flüsternd in rosa Nachthemden und noch rosaneren Plüschpuschen auf den Betten. Also testete ich mit sieben Mädchen die Pyjamaparty. Mit **Übernachten,** versteht sich.
Die Mädchen kamen gegen Abend, da man ja nachmittags schlecht eine Pyjamaparty machen kann. Und dann saßen sie erst mal im Bettenlager und machten es sich gemütlich. Es gab einen leckeren Tee und Kekse und die Stimmung war perfekt.
Das klingt bis hierher sehr unspektakulär und langweilig. Aber der Abend verging wie im Flug. Und mit allem möglichen – mein Sohn würde sagen – ›Mädchengedöns‹. *(Gibt es das Wort eigentlich? Da sehe ich doch gleich mal im Lexikon nach. Tatsächlich, da steht es, zwischen Gedonner und Gedränge: »Gedöns, das; -es (landsch. für Aufheben, Getue); viel Gedöns um etwas machen.« Das gibt es ja nicht, Gedöns ist wirklich ein Wort, ein richtiges, ernst zu nehmendes Wort! Ich bin begeistert!!)*
So, wo war ich? Ach ja, **Mädchengedöns:** Zöpfe flechten, Papilloten eindrehen (Lockenwickler, auch dieses Wort steht im Lexikon), Fußnägel lackieren und – hier kommt es – Quark-/Gurkenmasken einwirken lassen für die Haut. Dabei Gespräche führen über angesagte Musik und aktuelle Bands. *(Von denen ich noch nie etwas gehört hatte! Ich ließ mir aber nichts anmerken. Bin ich schon so alt?)*

Dann gab es eine große **Kissenschlacht**, bei der sich das Bettenlager ein wenig auflöste, und anstatt Fernsehen wurde ein kleines Schattentheater geboten. Das **Schattentheater** bestand aus dem Deckel eines Schuhkartons, in das ich ein großes Loch hineingeschnitten hatte. Das Loch blieb allerdings nicht lange eines, denn es wurde mit Pausenbrotpapier wieder zugeklebt. Wenn man jetzt eine Taschenlampe oder einen kleinen Strahler dahinterhält, kann man schöne Schattenspiele machen. Und wenn man noch aus schwarzem Tonpapier kleine Figuren ausschneidet, lässt sich ein richtiges kleines Theaterstück spielen. Wie wäre es z. B. mit einem Märchen? Oder einer fängt eine Geschichte an und der Nächste übernimmt – sowohl das Schattenspiel als auch die Geschichte.

Bei den Abendbrothäppchen wurde **vorgelesen.** Jeder las mal und die Zuhörer hörten zu (wie sich das für Zuhörer gehört) und mampften gemütlich Brote.

Und – schwupps – schon war der Abend zur Nacht geworden und die Ersten schliefen ein.

Man hörte noch etwas Kichern und Flüstern – und es erinnerte mich ein wenig an Schullandheim und Hüttenzeit –, doch dann war es ruhig.

Was für ein gemütliches kleines Fest!

FÜR WEN EIGNET SICH DAS FEST

Dieses Fest ist etwas für größere Mädchen (kichern, tuscheln, Musik hören). Unsere Gäste waren zwischen neun und elf Jahren.

EINLADUNGEN

Ein schlafendes Kind auf einem Mond, gezeichnet vom Geburtstagskind persönlich, oder eine Collage oder wie wäre es mit einem winzig kleinen, selbst genähten Kissen, in dem die Einladung steckt, oder ein Säckchen mit Daunen und der Einladung.

DEKO

Für die Pyjamaparty verwandelten wir Paulinas Zimmer in ein kuscheliges Bettenlager: Dazu holten wir aus dem Garten den großen Sonnenschirm, spannten ihn im Zimmer auf und hängten am Rand bunte Tücher auf (ganz einfach mit Wäscheklammern). Dann kramten wir sämtliche Lichterketten aus der Weihnachtskiste hervor und polsterten rund um den Schirm alles mit Matratzen, Decken und Kissen aus. Es sah wirklich gemütlich aus und Paulinas erster Satz, als sie ihr Zimmer sah, war: »Das soll so bleiben!«

ORGANISATION

was ich sonst noch zu diesem Fest zu sagen habe

Normalerweise bin ich kein Freund von Anglizismen, aber ›Schlafanzugfeier‹ klingt irgendwie einschläfernd.

Wenn Hexen hexen

»So, darf ich mich vorstellen, ich bin die Oberhexe Schlingelschlick, Anastasia Schlingelschlick.

Ich bin eine der ältesten Hexen im Lande, ich bin schon siebentausendsiebenhundertundsieben Jahre alt. Seid ehrlich, so alt hättet ihr mich nicht geschätzt! Aber ich nehme auch jeden Morgen meine Jungbleibtropfen – wenn ihr in mein Alter kommt, kann ich euch das Rezept geben. Heute möchte ich euch eine Geschichte erzählen, in der ihr alle vorkommt. Aber zuerst muss ich euch noch eure Hexennamen geben und eure Hexenamulette:

- die Wetterhexe Pusteblume, die das Wetter von einer Sekunde auf die andere ändern kann,
- die Feuerhexe Feuerrot, bei der es richtig heiß hergeht,
- die Pflanzenhexe Knospe, die alle Pflanzen wachsen lässt,
- die Wirbelhexe Wirbelwind, die den Wind beherrscht,
- die Nachthexe Sehnix, die tagsüber schläft und nachts ihr Unwesen treibt,
- die Wasserhexe Glucki, bei der es immer nass zugeht,
- die Frosthexe Zitterbibber, bei der alles gefriert wie in einer Gefriertruhe,
- die Regenhexe Pfützchen, die es auf Kommando regnen lassen kann,
- die Gewitterhexe Blitzi, die Blitz und Donner beherrscht, und
- die Waldhexe Buxia, die die Sprache der Tiere und Pflanzen versteht.«

Die Kinder suchen sich eine Hexe aus, die ihnen gefällt (das Geburtstagskind war bei uns Buxia, es ist aber nicht so wichtig, wer wer ist), und bekommen das Hexenamulett – kleine Amulette zum Umhängen mit Symbolen, die zu der jeweiligen Hexe passen: Blume, Flamme, Eiskristall, Blitz etc. (Die Amulette habe ich aus Knetmasse geknetet, die im Ofen fest wird. Man kann sie

Die Verwandlung

Während man sich vorstellt, könnte man sich vor den Augen der Kinder kostümieren: Perücke oder Haare toupieren, Hut, schwarzer Zahn, Umhang etc.

auch einfach aus Pappe schneiden und bemalen. Oder man zeichnet mit Schminke das Symbol oder sogar die Kette um den Hals oder um das Handgelenk.) Sind Jungs dabei, einfach ein paar Hexer oder Zauberer hinzufügen.

»Seid ihr kleinen Hexen bereit für die Geschichte? Sehr schön, dann hört gut zu!«

Ich schlage das große Hexenbuch auf. Bei uns musste ein alt aussehendes Wilhelm-Busch-Buch herhalten. Ich habe den Text, den ich vorlesen wollte, einfach vorsichtig in das Buch hineingeklebt. Und auf eine andere Seite das Rezept für den Hexentrank.

Die kleine Hexe Buxia

»Es war einmal eine kleine Hexe. Die hieß Buxia. Sie lebte in einem Baumhaus mitten im Wald, denn sie war eine Waldhexe. Mutter Natur, der Zauberer Rhododendron und Bruder Fichte waren ihre Freunde. Und obwohl Buxia noch eine sehr kleine Hexe war – sie war erst 776 Jahre und das ist ja für eine Hexe noch gar kein Alter –, hatte sie in dem großen Wald niemals Angst. Denn sie hatte eine ganz besondere Gabe: Sie verstand die Sprache der Tiere und Pflanzen. Sie brauchte nur auf ihrer kleinen Flöte eine Melodie zu spielen, und schon kamen hier und da die Tiere heran und unterhielten sich mit ihr.

Ihr Baumhaus war nicht das einzige Haus in dieser riesigen Eiche, es gab noch 77 kleine Vogelhäuser oder -nester und ebenso viele Eichhörnchenbaue. Auch nistete in einem hohlen Ast des Baumes ein Dutzend Fledermäuse und die Wurzelwohnungen teilten sich mehrere Waldspitzmausfamilien, eine allein lebende Haselmaus und eine seltene Zwergspitzmaus. Die war so klein, dass man sie mit bloßem Auge kaum sehen konnte. Buxias ganz besonderer Freund war allerdings ein kleines Eichhörnchen. Es hieß Victordes und war immer an ihrer Seite.

Buxia tat viel Gutes im Wald: Sie rettete kleine Vögelchen, die aus dem Nest gefallen waren, sie befreite Füchse aus Fallen, die die Jäger aufgestellt hatten, und sie ermahnte die Mistelzwerge, wenn diese es mal wieder zu wild in Buxias Wald trieben. Aber am liebsten flog Buxia mit ihrem Eichhörnchen Victordes auf der Schulter auf ihrem Besen Buxus in rasender Geschwindigkeit durch den Wald.

›Buxux, Besen vom Hexenkind, flieg schneller als ein Wirbelwind!‹

Das war der Lieblingsspruch der kleinen Waldhexe. Sollte der Besenritt eher langsam vonstatten gehen, rief sie:

›Buxus, Besen spitz bis Ende, flieg gemütlich und behände!‹

Das Hexen lernte Buxia dreimal in der Woche in der Waldhexenschule. Die Hexe Schlingelschlick – Anastasia Schlingelschlick – war ihre Lehrerin. Buxia liebte den Hexunterricht, denn dort traf sie auch ihre Freundinnen.

Doch dieses Jahr war ein besonderes Jahr, denn wenn die Hexenkinder 777 Jahre alt werden, steht ihnen die große Hexenprüfung bevor: Sie müssen sieben Hexenaufgaben bestehen, um den magischen Hexenkristall zu bekommen. Die Hexe Schlingelschlick sprach: ›So, meine kleinen Hexenschülerinnen. Heute ist der große Tag. Seid ihr bereit für die sieben Hexenprüfungen? Dann bildet einen Kreis, legt die Hände übereinander und sprecht mir nach:

Mäusedreck und Schlangenkraut,
Schneckenbeine, Drachenhaut,
Eulenschrei im Mondenschein –
wir wollen gute Hexen sein!
Schawalos – Dirigundos!

Zuerst darf ich euch noch zwei Besucher vorstellen, die die heutige Hexenprüfung mit strengem und aufmerksamem Blick überwachen werden: Der große Hexenmeister Fagus Stinkmorchel aus dem Tal der Frostbeuleneulen (das war der Papa) und die alte Kräuterhexe Rosinante Tymian aus dem Kräutergarten der Morcheln und Lorcheln (das war die Oma).‹«

(Man muss einfach alle Anwesenden in die Geschichte einbauen.)

Nun kommen wir zu den sieben Aufgaben:

1. Das Hexenbesengebemsel

Wir brauchen: Wollfäden, Stoffreste, Glöckchen, Federn, Perlen. Jetzt darf sich jede Hexe ein sogenanntes Hexenbesengebemsel basteln. Unsere Hexchen haben die zu schmalen Bahnen gerissenen Stoffe geflochten, dann Perlen, Federn, Glöckchen daran gebunden und alles oben am Besenstiel befestigt. So konnte jetzt jeder seinen Besen gut vom anderen unterscheiden. Übrigens haben wir die Besen für jedes Kind selbst gemacht, da nicht alle einen von zu Hause mitgebracht haben. Mit Ästen, die wir mit Klebeband und Schnüren an einem längeren Holzstab – man kann auch gerade Äste im Wald suchen – befestigt haben.

2. Der magische Hexenkreis

Zuerst legen wir mit Naturmaterialien (Steine, Federn, Muscheln, Zapfen etc.) im Zimmer einen magischen Kreis. Wir nehmen uns alle bei den Händen und stellen uns in den Hexenkreis, dazu singen wir ein Hexenlied:

›Kaliwamisummbo, kaliwamisumm!
Kaliwamisummbo, Kaliwamisumm!‹

Am Ende des Liedes üben wir noch ein kräftiges hexisches Lachen.

SPIELE

3. Hexentränke brauen

Das Labor ist schon bereit: Dort stehen kleine Fläschchen mit verschiedenen Flüssigkeiten und Döschen mit seltsam aussehendem Pulver. In Wahrheit sind es mit Lebensmittelfarbe gefärbtes Wasser, Gewürze wie Curry etc. und auch einige Parfums für den Duft. Die Hexe Schlingelschlick erklärt:
»Ich habe alles beschriftet, damit man später nicht das Krötenpipi mit den geraspelten Einhornfußnägeln verwechselt oder den Vampir-atem mit dem Schlodder. Außerdem gibt es noch Läusekot, Fliegenpilzharz, Ohrenwurmschmalz, Spinnenkacke, Mäusedreck, Frostbeulen, Schabenlarven und Staubmilben. Im großen Hexenbuch steht eine genaue Anleitung, wie man die vier Hexenelixiere anmischt: ein Hauch hiervon, eine Prise davon, zwei Tropfen … einen Schuss …«

Vorsichtig werden diese Dinge in vier großen durchsichtigen Gefäßen (wir nahmen mit Wasser gefüllte Vasen) zusammengemischt. Toll sieht es aus, wenn man die Gefäße von hinten mit einer Lampe anstrahlt. Dann füllt man von jedem Trank etwas in ein kleines Fläsch-

chen ab. (Natürlich hat man vorher bereits vier andere Fläschchen mit bloßem Wasser befüllt. Die tauscht man unauffällig aus, damit man später davon auch einen Schluck nehmen kann.)
Wir gehen zurück in unseren magischen Hexenkreis und die Hexe Schlingelschlick muss nun die Elixiere testen, denn erst dann ist die Prüfung bestanden.

Flasche 1: Lautanius Stimmus
Dieses Fläschchen verändert die Stimme. Die Oberhexe nimmt einen Schluck und alle warten gespannt. Erst mal passiert gar nichts, bis die Hexe plötzlich mit völlig anderer Stimme – besonders hoch vielleicht – sagt:

»Es passiert ja gar nichts! Oje, was ist mit meiner Stimme passiert, die ist ja ganz verändert! Soll ich noch mal einen Schluck nehmen?«

Wieder nimmt sie einen Schluck. Sie hält sich fortan immer an den Text:

»Es passiert ja gar nichts …«

Nur wird sie jedes Mal mit einer anderen Stimme, einem Akzent, einem Dialekt oder sogar einer Tiersprache sprechen: Hundisch, Walisch etc. Da der Text immer derselbe bleibt, werden die Kinder ihn sogar dann verstehen, wenn die Hexe ›Stummisch‹, also ohne Töne, spricht. Schließlich kann das Fläschchen auch im Kreis herumgereicht werden und man kann gespannt sein, was aus den Stimmen der kleinen Hexen alles wird.

Flasche 2: Fadenius Puppus
Ein Tropfen genügt und man kann die Hexen wie Marionetten an unsichtbaren Fäden ziehen und damit bewegen.

Flasche 3: Wegwienixus
»Oje, nun ist dieses Fläschchen aus Versehen umgekippt. Und unterm Tisch befand sich doch die kleine Hexenmaus Fiepfiep. So ein Pech, denn jetzt ist sie unsichtbar.«

Trotzdem holt man die kleine Maus hervor, streichelt sie, bewundert ihr weiches Fell und gibt sie ganz, ganz vorsichtig im Kreis herum von Hexe zu Hexe. Zwischendurch entkommt sie einem aber doch und alle hüpfen kreischend auf die Stühle.

»Wer kann sie wieder einfangen?«

Man kann auch andere Dinge finden, die durch den Trank unsichtbar geworden sind, z. B. einen Luftballon, den man aufpustet und von einem zum anderen wirft.

Flasche 4: Animalos

Dieses Elixier verwandelt die Hexen in Tiere. Die Hexe, die verhext werden soll, darf eine Tierkarte ziehen, ohne dass die anderen diese sehen. Ein Tropfen aus der Flasche genügt und die kleine Hexe verwandelt sich in das entsprechende Tier. Die anderen müssen nun erraten, welches Tier es ist, erst dann ist die Hexe wieder erlöst. (Auf den Karten sind verschiedene Tiere aufgemalt: Pinguin, Affe, Hund, Wurm, Kamel, Elefant, Fledermaus, Löwe, Maus, Schnecke, Vogel, Hahn, Schlange etc.)

4. Der lange Hexensatz

Einer im Kreis fängt an:
»Eine Hexe braucht einen Besen ...«
Der Nächste sagt:
»Eine Hexe braucht einen Besen und einen Hut ...«
Der Nächste:
»Eine Hexe braucht einen Besen, einen Hut und einen Raben ...«
Und so weiter und so weiter. Schwieriger wird es, wenn man auch noch Gesten dazu macht.

5. Pilze kegeln

Die Pilze werden aus Toilettenrollen und Tonpapier gebastelt. Mit der magischen Kristallkugel versucht man nun, möglichst viele Pilze umzukegeln.

6. Die zehn Rabenfedern

Der Rabe (wieder mal aus einem Socken gebastelt, aber vielleicht haben Sie ja auch einen Stoffraben im Haus oder schneiden einfach einen aus Pappe aus) sitzt mit einer Hexe in der Mitte des magischen Kreises. Ihr werden die Augen verbunden und zehn Federn werden um sie herum verteilt. Nun müssen die anderen Hexen versuchen, die Federn aus dem Kreis zu stibitzen. Wird eine erwischt, muss sie in die Mitte. Sind alle Federn gestohlen, ist das Spiel zu Ende. Derjenige, der die meisten Federn hat, hat gewonnen und wird z. B. mit einer weißen Maus belohnt.

7. Hexenbesenslalom

Der Besen wird wie ein Hockeyschläger benutzt: Man muss mit ihm einen Ball (die Kristallkugel) um Hexenhüte herum im Slalom führen und wieder zurück.

Nun haben alle kleinen Hexen die sieben Prüfungen bestanden und werden in den Kreis der alten Hexen aufgenommen. Alle bilden einen Kreis und nehmen sich bei den Händen. Die Oberhexe Schlingelschlick steht in der Mitte. Sie legt jeder kleinen Hexe feierlich die Kette mit dem magischen Hexenkristall um den Hals (der Kristall hängt an einer Schnur, man kann aber auch eine Feder an eine Kette hängen oder einen schönen Stein oder eine besondere Perle) und spricht dazu folgenden Spruch, den alle mitsprechen sollen:

»Die Hexenkraft in diesem Stein, soll alle Zeiten mit dir sein.«
(Das habe ich nun wirklich mal gestohlen, aber es ist so ein schöner Spruch!)

Und jetzt kann die große Hexenparty beginnen!

ORGANISATION

FÜR WEN EIGNET SICH DAS FEST

Dieses Fest eignet sich für alle kleinen Hexenfans. Man kann es allerdings auch umwandeln für Zauberer und kleine Harry Potters. Unsere Hexen waren zwischen sechs und acht Jahren.

EINLADUNGEN

Wir haben eine Collage aus einem Foto des Geburtstagskindes und Tonpapier geklebt. Der Kopf der kleinen Hexe war das Foto, der geklebte Körper saß auf einem Besen und flog über die Bäume.

TISCHKÄRTCHEN

Miniaturbesen, auf denen die Namen der Gäste stehen.

DEKO & CO.

Wir verwandelten das Wohnzimmer in einen Zauberwald. Mit großen abgeschnittenen Zweigen aus dem Garten, an denen Bonbons ›wuchsen‹. Einige passende Stofftiere hielten sich hier auf: ein Eichhörnchen, eine Eule und eine Fledermaus. In der Mitte des Tisches steht die magische Kugel, die mit einer Taschenlampe von unten beleuchtet ist, und überall auf dem Tisch sind Federn verteilt.

KOSTÜM

Alle Kinder kamen schon als Hexen verkleidet. Denn Hexenkleidung hat doch jeder im Schrank: ein Wolltuch, einen dunklen Rock (auf den man vielleicht noch einige Flicken nähen kann), ein Umhang aus einem passenden Stoff. Die Haare wild toupiert oder mit Haarspray hexisch gestylt. Die heutigen Hexen haben sich längst durch Hexensprüche von ihren Buckeln und Warzen befreit!!!

ESSEN

Was essen denn Hexen? Die können sich doch alles herbeihexen, worauf sie auch immer Appetit haben. Ich schlage eine Buchstabensuppe vor oder knallrote Äpfel oder ein Hexenhäuschen aus Lebkuchen wie an Weihnachten.

Mottolos glücklich

Berufswunsch: Eventmanager

Wie wäre es, die Kinder das ganze Fest selbst organisieren zu lassen? Das Geburtstagskind lädt also seine Freunde ein und alle schmücken gemeinsam, basteln Girlanden und Tischkärtchen, backen einen Kuchen (wahlweise Muffins, Waffeln oder Pfannkuchen), decken den Tisch, dekorieren ihn, sorgen für die passende Musik – und los geht das Fest!

Manchmal sehne ich mich zwischendurch nach einem einfachen, kleinen, gemütlichen Fest. Ohne irgendein Motto. Einfach nur so! Und trotzdem muss man sich etwas einfallen lassen. Deshalb gebe ich Ihnen hier einige Tipps. Suchen Sie sich etwas aus, das Ihnen gefällt und auf das Ihr Kind Lust hat und was auch in die jeweilige Jahreszeit passt.
Geben Sie nur einige Anregungen, ein wenig Hilfestellung und lassen Sie es sonst einfach laufen.

Die Klassiker

Einfach mal auf Altbewährtes zurückgreifen: Topfschlagen, Reise nach Jerusalem, Schau dich um, Der Fuchs geht um *(meine Tochter klärt mich gerade auf, dass dieses Spiel heute ›Plumpsack‹ heißt)*, Stille Post, Flaschendrehen, Schokoladenessen, Stopptanz, Steck dem Esel den Schwanz an und so weiter. Es gibt Tütchen und für jedes Kind einige kleine Preise.

Seifenblasen

Grundrezept:
3/4 l destilliertes Wasser
70 g Puderzucker
1/4 l Spülmittel
1 Esslöffel Glyzerin aus der Apotheke

Alle Zutaten mischen und warten, bis die Flüssigkeit nicht mehr schäumt.
Was das Mischungsverhältnis angeht, gibt es viele Rezepte, doch schließlich hat der Erfolg auch mit den unterschiedlichen Produkten zu tun. Spülmittel ist eben nicht gleich Spülmittel! Ausprobieren ist alles. Ein wenig hiervon, ein wenig davon ...
Der Spaß liegt darin, möglichst viele verschiedene Dinge zu finden, durch die man Blasen machen kann: Draht biegen und mit Wolle um-

wickeln, Flaschenöffner, Strohhalm, viele Strohhalme zusammengebunden, Schöpfkelle mit Löchern, Plastikspritze, Ausstechförmchen, Trichter und alles, was man sonst noch findet. Vorausgesetzt, vorne ist eine Öffnung, aus der die Blasen herauskommen können, und hinten eine Öffnung, durch die man pusten kann.

Schenkt mir doch Geburtstagsspiele!

In der Einladung könnte man sich wünschen, dass jedes Kind in einer Schachtel ein Spiel mitbringt. Das ›Geschenk‹ wird ausgepackt und direkt gespielt, z. B. liegen in einem Paket mehrere Toilettenpapierrollen – das Spiel hierzu wäre Mumienwickeln. Oder in einem Kistchen sind ein kleiner Puppentopf, ein Kochlöffel, eine Augenbinde und einige Preise – Topfschlagen.

Das Beerenfest

Ist vielleicht gerade Erdbeerzeit? Dann laden Sie die Kinder doch zu einem Erdbeerfest ein. Gibt es in der Nähe eine Plantage, auf der man selbst pflücken kann? Das wäre der ideale Start. Vergessen Sie die Körbchen nicht!

Zu Hause wird alles Mögliche mit den Erdbeeren gemacht: Erdbären im Schokoladenmantel (weiß oder braun) oder selbst gemachte Erdbeermarmelade. Sammeln Sie rechtzeitig leere Marmeladengläser, damit jedes Kind eines mit nach Hause nehmen kann. Die Kinder können auch eigene Schilder für ihre Marmelade schreiben, z. B. ›Lottas Erdbärchen‹ oder ›Sophies süßer Traum‹. Verzieren kann man die Deckel noch mit einem Stück Stoff, Gummi drum und fertig. Hat man viele Marmeladengläser zusammen, können sich die Kinder einen Bauchladen bauen (aus einem Tablett und einer Schnur oder einem Tuch) und versuchen, die Gläser in der Nachbarschaft zu verkaufen – für einen guten Zweck, versteht sich.

Aus Kindern werden Künstler

Überlegen Sie mit Ihrem Kind, mit welchem Material es gerne mal arbeiten würde. Im Grunde ist alles möglich. Sie müssen sich nur bei manchen Aktionen erkundigen, wo es bestimmte Möglichkeiten gibt, z. B. beim **Töpfern.** Ton gibt es im Bastelgeschäft, auch Werkzeug. Hier besteht die Frage: Wo kann ich die Kunstwerke brennen? Manche Schulen haben einen Tonbrennofen. Fragen Sie einfach mal rum! Ganz allgemein ist es bei Kunstprojekten gut, wenn man vorher etwas Zeit hat, sich vorzubereiten: Machen Sie sich im Internet schlau oder leihen Sie sich ein Buch aus der Bücherei aus. Oder lassen Sie sich einen Termin beim Kunstlehrer Ihres Kindes geben. Der gibt sicher gern Tipps.

Filzen – gerade für Mädchen eine superschöne Sache. Und nicht sehr kompliziert. Man kann auf zwei Arten filzen: Die eine – mit der Filznadel und Märchenwolle – geht sehr schnell, die andere ist etwas aufwendiger und funktioniert mit Seife. Das ist eine kleinere Sauerei und ich empfehle, gerade wenn es mehrere Kinder sind, diese im Freien zu veranstalten.

Eine andere Sauerei für Jungs und Mädels bietet der **Speckstein.** Mit Feilen kann man schöne Anhänger und einfache – oder auch schwierigere – Figuren hinbekommen. Speckstein ist nicht so teuer, lassen Sie sich in einem Bastelgeschäft beraten. Vielleicht können Sie sich irgendwo Feilen ausleihen.

Malen – hört sich gewöhnlich an, ist es aber nicht. Wichtig ist, dass die Kinder gutes Material in die Hände bekommen. Aus Tischböcken kann man Staffeleien bauen, decken Sie alles mit Folie ab, sorgen Sie für alte T-Shirts oder Hemden, die die Kinder als Malerkittel anziehen können. Und los geht es!
Die Farben können in Pappbechern in umgedrehten Flaschenkästen stehen. Dann fällt nicht so schnell etwas um. Auf weiße Pappe oder kleine Leinwände malt es sich natürlich am besten, da kommt man sich vor wie ein richtiger Künstler. Oder einfach mit Kreide ein großes Straßenbild malen. Haben Sie Kunstbücher? Sonst leihen Sie doch einige aus der Bücherei aus. In einer Bücherecke können sich die kleinen Künstler (mit gewaschenen Händen) während der Malaktion Anregungen holen. Malen wir doch mal alle wie Picasso oder Hundertwasser! Es gibt einige wunderschöne Kinderkunstbücher, z. B. über Monet. Man könnte auch einen ganzen Geburtstag unter dieses Motto stellen *(Entschuldigung, ich wollte ja hier nicht von Mottos reden, aber ich kann nicht anders!)*: Man vertieft sich ein wenig in das Leben von Monet, geht dann gemeinsam mit den Kindern zu einem Teich und zeichnet oder malt eine Brücke, Seerosen …

Kerzen gießen

Heiß, aber schön! Sie brauchen viele alte Kerzen, Dochte (aus dem Bastelgeschäft oder Kerzenladen) und – wenn Sie wollen – ein wenig Bienenwachs. Wenn man davon etwas zu den Resten gibt, brennen die Kerzen später langsamer runter und es riecht auch noch gut.
Im Wasserbad werden die Kerzenreste geschmolzen. Meist sind die Kerzen nur außen farbig, innen sind sie weiß, das macht aber nichts, denn das bisschen Rot färbt das viele Weiß trotzdem. Stellen Sie mehrere Töpfe mit Wasserbädern gleichzeitig auf den Herd: einen für Blau, einen für Rot, einen für Weiß.
Leere Joghurtbecher und Milchpackungen stehen schon bereit. Die Dochte haben wir am Boden der Gefäße mit Klebeband befestigt und oben an einen Holzspieß geknotet.
Jetzt gießt man vorsichtig Wachsschicht für Wachsschicht in die Gefäße. Immer warten, bis die untere Schicht ein bisschen hart geworden ist. Je mehr Schichten in verschiedenen Farben Sie gießen, desto schöner wird die Kerze später.
Wenn die Kerzen ganz fest sind, lösen Sie die Becher vorsichtig bzw. reißen Sie die Milchpackung einfach von der Wachsschicht ab.

Modedesigner

Papier, Stifte und die verschiedensten Stoffreste liegen bereit: Entwerfen wir Mode für uns selbst oder machen wir eine Barbie-Modenschau? Barbies kann man auch ganz toll mit Alufolie einkleiden. Das sieht richtig futuristisch aus. Aus Pappe und Müll – den Sie einige Zeit vorher sammeln (und auswaschen) müssen – kann man auch tolle Hüte basteln. Die Meisterschule für Mode wird sich über den Nachwuchs freuen.

Legobauwettbewerb mit Ausstellung

Haben Sie viele Legosteine? Dann lassen Sie die Kinder doch alle zusammen das größte Legohochhaus bauen, das jemals stehen blieb. Oder ein eigenes Legoland errichten. Sie können natürlich auch einen

Wettbewerb für Legoerfindungen ausschreiben. Oder, wie sieht eigentlich eine Legobrille aus?

Quiz und Co.

Man kann auch einen ganzen Nachmittag mit nachgespielten Quizsendungen verbringen. Mischen Sie alt und neu: Montagsmaler, Dalli Dalli, Wer wird Millionär? oder 1, 2 oder 3?

Die Bar

Wie wäre es bei diesem Geburtstag mit einer kleinen Cocktailbar? Es gibt verschiedene fruchtige Drinks, die die kleinen Barkeeper selbst ausprobieren und mixen. Ein wenig Crushed Ice dazu, eine kleine Garnitur an den Glasrand (Scheibe Orange oder etwas Ähnliches). Die Kinder können auf eine Tafel die Namen der Cocktails schreiben. Bezahlt werden die Drinks mit einem Witz.

Brot backen

Eine meiner schönsten Kindergartenerfahrungen war das Brotbacken. Wahnsinn! Ich war drei Jahre im Kindergarten und an einem Tag haben wir mal ein Brot gebacken. Ich weiß sogar noch, was ich da anhatte: mein rosa Pünktekleid. Und ich erinnere mich, dass wir den Teig mit einem Handrührgerät gerührt haben und dafür anstehen mussten, weil jeder mal wollte. Unsere Kindergärtnerin kam mit einem großen Messer und schnitt dicke Scheiben von dem fertigen Brot ab. Bis zu diesem Zeitpunkt wusste ich nicht, dass man so etwas selbst backen kann. Ich dachte, das kann nur der Bäcker. Und dann dieser Geruch! Ein Fest! Also überlegen Sie doch mal, ob das nicht auch eine Feierei wert wäre.

Spieleerfinderfest

Die Kinder bilden Gruppen und erfinden Brettspiele. Auf Pappen werden die Spielfelder gemalt und einer schreibt die Spielanleitung. Spielfiguren werden entweder aus Knetmasse geknetet, die im Ofen gebrannt werden kann, oder im Kinderzimmer gesucht – und gefunden, z. B. Figuren aus Überraschungseiern, Spielzeugautos oder Gummitiere. Auch kleine Salz- und Pfefferstreuer, Steine oder Muscheln können gute Dienste leisten. Sind alle Spiele fertig, wird eines nach dem anderen von seinen Erfindern erklärt und anschließend von allen Kindern gespielt.

Einladung

Lassen Sie Ihr Kind selbst die Einladungen basteln: eine Collage aus ausgeschnittenen Zeitungsbildern, einen Kartoffeldruck, ein Foto aus der Babyzeit, ein gemaltes Bild mit einer Torte drauf.

Eine Reise nach Monstrosia

Gruselsounds

Toll wäre passende Musik oder schaurige Geräusche, bei denen es einem so richtig kalt den Rücken runterläuft ... Zur Halloweenzeit findet man oft entsprechende CDs, aber auch Filmsoundtracks bieten gute Gruselmusik und -effekte: »Fluch der Karibik« z. B. oder »Hui Buh«. Man kann aber auch mit den Kindern zusammen vorher eine gruselige Kassette aufnehmen mit Kettenrasseln, hämischem Geisterlachen, Schreien, Eulenrufen, Gespensterheulen, Schritten etc. Vielleicht haben Sie auch ein Saiteninstrument zu Hause? Besonders gruselig klingt es, wenn man eine Saite mit den Fingernägeln hinauffährt. Oder gibt es eine knarrende Tür in der Wohnung? Bitte erst nach der Gruselparty ölen!

Unser (Halloween- oder Grusel-)Fest beginnt im finsteren Flur, der nur mit Kerzen oder Taschenlampen beleuchtet ist. Das Wohnzimmer ist durch ein Bett aus Pappe versperrt, man kann noch nicht hineinsehen. Dahinter ist allerdings schon alles für die Gruselparty vorbereitet. Die kleine Fledermaus Flu stellt sich vor. Flu ist wieder aus einem schwarzen Socken gemacht. Mit schwarzen Knöpfen als Augen und schwarzem Filz für die Ohren. Außerdem hat sie dunkle Lederflügel bekommen, was sehr schick aussieht!

Flu, die Fledermaus:
»Ich heiße euch herzlich willkommen zu dieser besonderen Nacht! Es ist Halloween, die einzige Nacht, in der ich zu den Menschen kommen kann und sie einladen darf. Nach Monstrosia. Wisst ihr, wo Monstrosia liegt? Ihr wisst nicht mal, was Monstrosia ist? Dann passt gut auf: Unter deinem Bett, an der Einöde vorbei, über die Nebelhügel, gleich neben den Stinksümpfen liegt Monstrosia. Da wohnen die Monsterfamilien.
Halloween ist auch für die Monster ein besonderer Tag, denn an Halloween wird der neue Würgermeister gewählt. Doch zuvor muss er einige Aufgaben bestehen. Vielleicht wird es ja sogar einer von euch?!

Aber seid gewarnt, in Monstrosia ist alles anders. Und ihr dürft euch auf keinen Fall als Menschen zu erkennen geben. Ich hoffe, ihr seid nicht frisch gewaschen, denn Seife riechen die Monster auf 100 Meter Entfernung.
Ihr dürft als Monster, Fledermäuse, Geister oder andere gruselige Gestalten dorthin reisen, denn an Halloween kommen viele von weither extra nach Monstrosia, um das Spektakel um den Würgermeister mitzuerleben.
Jetzt geben wir euch erst mal Namen, denn als Tim, Laura, Jakob usw. geht das ja gar nicht. Ihr braucht schöne Namen, wie Grufti, Spei, Assel, Pickel, Mießwurz, Krätze, Suhle, Mief, Trief oder Feuer und Flamme ... Seid ihr nun mutig genug, mich nach Monstrosia zu begleiten?
Dann kriecht mir nach, unter diesem Bett durch.«

Alle kriechen – trotz mulmigem Gefühl im Bauch – unter dem Pappbett durch.

»Herzlich willkommen in Monstrosia! Wie wäre es, wenn ihr euch erst mal da drüben im Restau**ranZ**, dem **Würger** King, stärkt? Es gibt leckere Dinge: Ohrenschmalzgrütze, **Schweiß**bein mit Sauerkraut, Schimmelpilzauflauf und reichlich Essigwasser. Oder wollt ihr lieber einen Cheese**würger**? Oder einen **Doppelwürger**?«

Alle essen erst einmal.

»Hier kommen nun die monströsen Aufgaben: Wer ein Spiel gewinnt, bekommt eine Kröte – Zahlungsmittel in Monstrosia. (Es gehen auch Spinnen, weiße Mäuse o. Ä.) Wer am Ende die meisten Kröten hat, der wird Würgermeister!«

SPIELE

1. Aufgabe: Wettrülpsen

Ich entschuldige mich an dieser Stelle aus tiefstem Herzen, aber bei uns ist es so Sitte, dass man an Geburtstagen rülpsen darf. Somit wird praktisch nur viermal im Jahr gerülpst und wir sind die anderen 361 Tage rülpsfrei. Wenn Sie ein Problem haben mit dem Rülpsen, gehen Sie einfach direkt zu Aufgabe 2. *(Gehen Sie nicht über Los und ziehen Sie keine 2000 Euro ein!)*
Jeder rülpst jetzt der Reihe nach, alle entscheiden gemeinsam, wer der Beste war. Der bekommt eine kleine Kröte.

2. Aufgabe: Müllangeln im Quallarium

Mückenlarvenleicht! Einige Tage vor dem Fest habe ich mit meinen Kindern ein kleines Quallarium gebastelt. Wir hatten großen Spaß dabei! In die Vorderseite einer Pappkiste schneidet man ein großes Fenster hinein, oben lässt man den Karton offen. Das Fenster kann man mit einer durchsichtigen Folie wieder zukleben, damit es wie eine Scheibe aussieht. Jetzt richtet man das Quallarium wie ein richtiges Aquarium ein, mit Algen aus grünem Krepppapier und sandfarbenem Stoff als Untergrund. Man kann Muscheln und Steine hineinlegen. Oben legt man einen Stab über die Kiste und hängt kleine grüne Quallen hinein, ebenfalls aus Krepppapier ausgeschnitten. Eine Taschenlampe beleuchtet alles von innen und fertig ist das Quallarium. Wie im Angelspiel fischt man nun mit kleinen Angeln mit Magneten oder Haken dran: nur

dass hier keine Fische zum Vorschein kommen, sondern nur Müll – über den sich die Monster natürlich viel mehr freuen. Hat man Angeln mit Haken, kann man Puppenschuhe, Puppensocken, eine alte CD oder andere Dinge mit Löchern nehmen. Bei Magnetangeln funktioniert alles aus Metall: alte Münzen, Kronkorken, Kugelschreiber etc. Je nach Alter fischt man blind oder sehend. Wer den meisten Müll rausgeholt hat, bekommt wieder eine Kröte.

Sandsauger

Eine Angelspielvariante sieht so aus: Mit langen Strohhalmen saugt man im Quallarium kleine Papiersocken, -dosen, -flaschen etc. an und lässt sie draußen wieder los.
Warnung!!! Als ich das Angeln mit dem Strohhalm ausprobierte, hatte ich vergessen, dass ich den Boden des Quallariums mit Sand bedeckt hatte: Beim ersten Einsaugen hatte ich den ganzen Mund voll Sand, was nicht sehr angenehm war. Also verzichten Sie auf den Sand und nehmen als Boden lieber einen sandfarbenen Stoff. Ansonsten ist dieses Spiel ungefährlich!

3. Aufgabe: Kakerlaken klatschen

Babymottenleicht! Man braucht dazu: ein Rohr, eine Fliegenklatsche und Kakerlaken aus Kunststoff. (Bei uns waren es Kunststofffliegen und keiner hat sich beschwert.) Jetzt lässt man eine Kakerlake oben in das Rohr gleiten. Man hört, wie sie das Rohr entlangrutscht. Unten sitzt ein ganz gespanntes, konzentriertes Kind und hält die Fliegenklatsche bereit. Es versucht, die Kakerlake zu erwischen, wenn sie aus dem Rohr herauskommt. Jeder hat drei Versuche. Für jede ›geklatschte‹ Kakerlake gibt es eine Kröte.

4. Aufgabe: Kürbisschmeißen

Ich habe den Kürbis aus Hasendraht und Pappmaché gemacht, angemalt mit Wandfarbe. Doch er könnte auch echt sein oder aus Pappe. Einen gebastelten Kürbis kann man als Dekoration oder Kostüm bei den nächsten Halloweenfeiern immer wieder einsetzen. (In unseren habe ich unten ein Loch hineingeschnitten, das groß genug ist, um den Kopf durchzustecken.) In meinem geliebten Zirkusladen habe ich Flummis gefunden, die im Dunkeln leuchten. So konnten wir dieses Spiel nahezu ohne Licht machen, was sehr schön gespenstisch wirkte, denn nur der Kürbis – mit Taschenlampe drin – hat geleuchtet und die Flummis. Je nach Alter stehen die Kinder einige Schritte vom Kürbis entfernt und versuchen nun, im Dunkeln die Leuchtbälle hineinzuwerfen. Jedes Kind hat drei Versuche.

5. Aufgabe: Stinkesockenmemory

Monströs eklig! Jeder weiß doch, dass Monster große Fans von einzelnen Stinkesocken sind. Ja, manche sammeln sie sogar und hängen sie sich an die Wand. Wir haben die stinkenden Socken unserer Familie unsortiert über mehrere Wochen gesammelt. Nun wird auf Kommando der Korb mit den Socken *(natürlich gewaschen, aber das brauchen ja die angehenden kleinen Würgermeister nicht erfahren)* ausgeschüttet und die Monsterkinder müssen versuchen, so viele Paare wie möglich zu finden. Wer am Schluss die meisten Paare hat, erhält eine Kröte. *(Und ich muss diese Woche keine Socken sortieren – ein Spiel, das einem als Hausfrau sehr entgegenkommt!)*

6. Aufgabe: Das Spinnennetz

Jeweils zwei Kinder verlassen das Zimmer. Die anderen spannen nun zwei gleich lange Schnüre kreuz und quer durchs Zimmer – um alles herum, was man so umwickeln kann, Stühle, Kinder etc. Die zwei Spieler treten nun gegeneinander an: Jeder muss sein Spinnennetz entwirren und gleichzeitig aufwickeln. Wer es als Erster geschafft hat, bekommt eine Kröte.

Wer nach diesen sechs Aufgaben die meisten Kröten beisammen hat, hat gewonnen und wird der neue Würgermeister. Wir haben einen würdigen Würgermeister-Dreizack gebastelt, aus einer Astgabel und einem längeren knorrigen Stock.
Nach der feierlichen Übergabe werden Monster, Geister und Fledermäuse zur Mutprobe gebeten.

Wer traut sich durch die Geisterbahn?

Die Geisterbahn kann in einem anderen Zimmer aufgebaut sein. Wir haben Schnüre kreuz und quer gespannt und daran einfach Tücher mit Wäscheklammern aufgehängt. Der ›Geisterwagen‹ war mein Schreibtischstuhl mit Rollen, der mit einem grünen Tuch und einem Monsterkopf verkleidet war und von einem Geist (Mama oder Papa) geschoben wurde. In der Geisterbahn haben wir eine Nebelmaschine aufgestellt. *(Glauben Sie ja nicht, ich gehöre zu der Sorte, die behaupten kann: »Zufällig habe ich eine Nebelmaschine dabei.« – Wir haben sie von einem Freund geliehen.)* Muss aber nicht sein, Schwarzlicht oder eine Flackerlampe wären auch super. Meist reicht auch einfach nur gruselige Musik und an jeder Ecke ein Gespenst, Spinnweben oder eine Reihe Schnüre, die von oben herunterhängen. Ein Geist, der einen im Dunkeln mit einer kleinen Wasserpistole anspritzt – sehr unheimlich. Wenn es nur Jungs sind, könnte man plötzlich in einer Ecke eine Barbie oder ein Poster von Tokio Hotel anstrahlen. (Mein Sohn war schnell zu schocken. Wenn meine Tochter ihm ihre Babyborn-Puppe vor die Nase gehalten hat, lief er immer schreiend davon.) Oder ein Fön, der durch ein Loch in der Wand kommt und einem, unvermutet angeschaltet, die Haare verweht. Wenn die Geisterbahn mit alten Bettlaken gemacht ist, kann man auch gesichtsgroße Löcher hineinschneiden und von außen lebendige Monster hindurchsehen lassen. Die Kinder, die es durch die Bahn geschafft haben, können gleich für das nächste Kind

als Geister mitmachen: mit Ketten rasseln, »Huuuhh!« rufen oder ein fieses Geisterlachen erklingen lassen.
Haben Sie nicht viel Platz, kann man auch eine ganz kleine Geisterbahn aus Stühlen bauen: Einfach mehrere Stühle mit der Lehne zueinander stellen, über den Spalt dazwischen Tücher decken und Gruseldinge hineinlegen. Jetzt kann der Besucher durch diese Mini-Geisterbahn hindurchkrabbeln. Hier könnte man den Untergrund vielleicht ein wenig unheimlich gestalten: Wenn man plötzlich einen kühlen Seidenstoff berührt oder diese Verpackungsfolie mit den kleinen Luftpolstern, ist das im Dunkeln schon ein seltsames Gefühl.

Noch mehr Gruselspiele

Wenn noch Zeit ist, empfehle ich Verstecken im Dunkeln. Mama und Papa machen auch mit. Der Sucher darf eine Taschenlampe benutzen, die Versteckten könnten gruselige Geräusche machen. Vielleicht hat sogar jeder einen Knallfrosch oder etwas Ähnliches dabei, damit alle einen gehörigen Schreck bekommen – und der Missetäter schneller gefunden wird.
Auch Gruselgeschichten können einem das Blut in den Adern gefrieren lassen .... Alle sitzen im Dunkeln im Kreis. Einer fängt an, eine Geschichte zu erzählen, und hält sich dabei die Taschenlampe unters Gesicht: »Es war in einer finsteren Nacht ...« Er gibt die Taschenlampe an das nächste Kind weiter: »Diese Nacht war viel finsterer als alle Nächte zuvor ...« »Sie war sogar noch finstererer als finsterer ...« »Und plötzlich geschah etwas ... «
Oder wie wäre es mit ›Wer wird **Müllionär?**‹? Einer ist **Grunzer** Jauch und stellt die Fragen rund um Monster, Gespenster usw.
Auch das Weckerspiel würde passen (s. Piratenfest, S. 43). Während es bei den Piraten mit zwei Augenklappen gespielt wird, findet es hier natürlich im Dunkeln statt.
Manche Spiele kann man für verschiedene Mottos verwenden, es kommt eben nur darauf an, wie man sie verpackt.

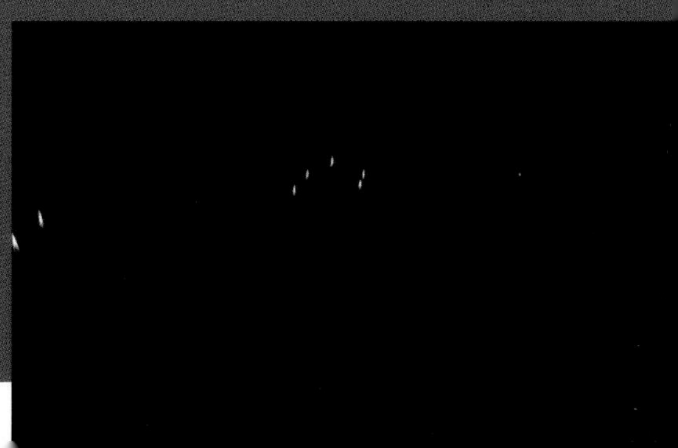

Und nun wird gefeiert, bis man grün wird – Tanz der Monster.

Monsterrap

Alle machen Beatbox, einer versucht sich als Rapper oder man teilt die Strophen auf.

Wer ist grün, stinkt nach Pfütze
und liebt Ohrenschmalzgrütze?
Wer kann dich schrecklich schocken und wer sammelt Stinkesocken?
Wer humpelt und krumpelt und rumpelt und schrumpelt?

Ich sag iihh – (alle) Iihh!
Spür, wie die Gänsehaut über meine Schulter schaut,
da sitzt es so protzig und klotzig und rotzig, da glotz ich – werde trotzig.
Ich fange an zu schlottern, will irgendetwas stottern.
Da hör ich schon, wie jemand schreit:
Monsterzeit! Es ist Monsterzeit! Es ist Monsterzeit!

Ich hör was unter meinem Bett, was kann denn das nur sein?
Es ist ein Kind, ein Monsterkind, sehr grün und ziemlich klein.
Es sieht mich an ganz voll von Angst und hört,
wie plötzlich jemand schreit
Monsterzeit! Es ist Monsterzeit! Es ist Monsterzeit!

Für wen ist das Fest?

Dieses Fest ist für jedes Alter geeignet. Man muss mit der Gruseligkeit bei kleineren Kindern einfach ein bisschen dosieren. Auch Erwachsene hatten viel Spaß in der Geisterbahn. Für etwas ängstlichere Kinder ist es weniger gruselig, auf der Seite der Gespenster und Monster zu stehen und die anderen zu erschrecken.

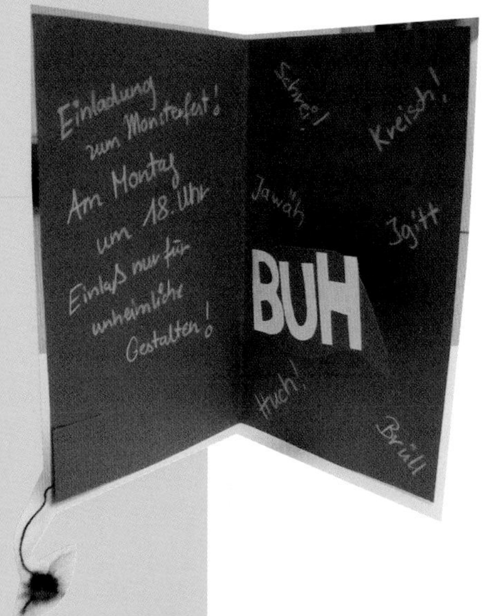

Einladung

Eine gruselige schwarze Karte. Auf der steht mit Leuchtfarbe oder weißer Schrift:
»Bist du mutig genug, dann schau hinein,
doch sei gewarnt, der Inhalt kann gefährlich sein!«
Wenn man die Karte aufklappt, hüpft einem ein ›Buh‹ entgegen. Man kann noch einige Spinnweben an die Karte kleben.

TISCHKÄRTCHEN

Wir haben mit Leuchtknetmasse die Namen der Monster auf die Teller gelegt. Damit sie diese auch im Dunkeln lesen konnten.

DEKO

Das Wohnzimmer habe ich ganz mit Tüchern abgehängt, die zwei Sofas mit weißen Spannbettlaken überzogen. Ganz toll wäre Schwarzlicht, damit alles, was weiß ist, gut leuchten kann. Eine Schwarzlichtbirne kostet ungefähr 5 Euro und man kann sie in normale Lampen einsetzen. Der Tisch ist mit weißen Mäusen, Gummischlangen und kleinen Gespenstern aus Stoff gruselig gedeckt.

Kostüme

Die Kinder durften hier in ihren eigenen gruseligen Verkleidungen kommen. Da gab es einen Vampir, eine Fledermaus, mehrere Hexen, ein Skelett, ein Teufelchen und einen – Tiger (der auf den wahnsinnig unheimlichen Namen Schnuffel hörte).

ORGANISATION

Essen

Wir hatten die geniale Idee, in Gelatine gruselige Süßigkeiten erhärten zu lassen. Es war alles für die Katz: Die Mäuse und Schlangen lösten sich in der Schwabbelmasse auf, nichts war mehr zu erkennen, es war nur noch eklig und niemand wollte davon kosten. Deshalb empfehle ich einfach reine Götterspeise in Rot und Grün. Die wabbelt auch und schmeckt sogar. Außerdem gab es ›Apfelgespenster‹ – mit weißer Schokolade überzogen, die waren wirklich lecker. Zum Trinken bietet sich roter Blutorangensaft und grüner Kiwisaft an.

Apfelgespenster

Äpfel
Weiße Kuvertüre

Die Kuvertüre im Wasserbad auflösen, Äpfel auf Stäbe spießen (ich habe asiatische Essstäbchen genommen), in der Schokolade drehen und eine Nacht im Kühlschrank hart werden lassen. Am nächsten Tag kann man mit Lebensmittelfarbe Gesichter darauf malen.

Was ich sonst noch zu diesem Fest zu sagen habe

Am Ende haben wir alle Kinder in die Geisterbahn ›eingebaut‹. Die Eltern, die zum Abholen kamen, durften ihr Kind erst mitnehmen, wenn sie einmal durch die Bahn gefahren waren. Und glauben Sie mir, da blieb keiner ohne Gänsehaut!!!

Über die Autorin

Sabine Bohlmann wird 1969 in München geboren. Nach ihrer Schauspielausbildung spielt sie in diversen TV-Filmen und -Serien mit, wie z. B. Pumuckl, Unser Charly, Der Alte, Ein Richter zum Küssen, Einfach raus, Happy Holiday sowie von 1992–2004 im Marienhof. Außerdem ist sie seit 1985 als Synchronsprecherin tätig und leiht u. a. Lisa Simpson und Vanessa Paradis ihre Stimme. 1993 heiratet sie den Industriedesigner Andreas Rümmelein. 1995 kommt ihr Sohn Jakob zur Welt und zwei Jahre später Tochter Paulina.

2004 erscheint ihr erstes Buch »Ein Löffelchen voll Zucker«, im April 2007 ihre erste eigene Kinder-CD »Der kleine Erdbär«, gemeinsam mit der Jazzsaxophonistin Carolyn Breuer produziert. In Arbeit ist ihr erstes Kinderbuch, das voraussichtlich im Herbst 2007 herauskommt.

Ich danke ...

... Jakob und Paulina, die so ›tapfer‹ alle Feste für dieses Buch mitgefeiert und mich auch sonst mit ihren Ideen und Kritiken in jeder Hinsicht bereichert haben.

... Andreas für einfach alles.

... meinen drei ›Wichtigen‹: Steffi, Kurt und Heidrun!!!

... meiner Mutter für die Augenklappen, die Zwergenspitzhüte, die Fähnchen-Girlanden und vieles mehr.

... meinem Super-Sommerfeste-Feierteam, Silke und Jessica und allen Helfern!

... Martine für die Seifenblasendiskussionen und den Baumpilzflummi!

... Günther fürs Weidenpfeiferl!

... ganz besonders allen Kindern, die mit mir gefeiert haben: Maren, Annika, Johanna, Emma, Florentina, Lena, Lilly, Joschua, Elias, Chiara, Louis, Emma-Lynn, Wuggi, Emil, Laura, Tim, Lotta, Kilian, Tobias, Matthias, Julian, Manuel, Melis, Leonardo, Moritz, Valentin, Emilia (wenn sie heute so heißt!), Anna, Valentina und vielen, vielen mehr!

... und dem Herbert für seine grenzenlose Hilfsbereitschaft (das musste mal gesagt sein)!